MW01397186

¿Y DE AQUÍ ADÓNDE?

Decide con Poder:
Criterios y Habilidades Cognitivas
para Saber Tomar Decisiones

Roberto Garrido Cárdenas

ROBERTO GARRIDO, MENTAL COACH.

Mind On: Libera tu Mente

Esta obra, se realizó bajo el sello de la editorial Mind On: Libera tu Mente

Se prohíbe la reproducción total o parcial de esta obra por cualquier medio sin el consentimiento previo y escrito de los coordinadores y/o quienes tengan los derechos respectivos.

ISBN: 9798873097326

Sello: Independently published

By: Mind On: & Roberto Garrido Cárdenas

Xalapa, Veracruz, México 2023

DERECHOS RESERVADOS © 2023

Primera Edición

DEDICATORIA

Este libro está dedicado a todas las personas valientes
que nunca se conforman con la mediocridad,
a aquellos que siempre están en busca de su mejor versión.
A cada individuo que escucha la voz interior que les susurra
que siempre hay algo más grande y significativo esperándolos.
Que esta obra sea un recordatorio para seguir explorando,
para desafiar los límites y abrazar el potencial ilimitado
que yace dentro de cada uno.
A todos ustedes, soñadores y buscadores incansables,
mi dedicación y gratitud por inspirarme
y motivarme a escribir esta obra.

Con aprecio,
Roberto Garrido Cárdenas.

¡BIENVENIDOS A MI LIBRO!... 13
INTRODUCCIÓN 15
  REGLAS DE LECTURA Y ABORDAJE DEL LIBRO 17
CAPÍTULO I 19
LA DECISIÓN: INFORMADO VS. DESINFORMADO. 19
  ELEGIR DESINFORMADO.. 20
  HABILIDAD COGNITIVA: PENSAMIENTO CRÍTICO 21
  ELEGIR INFORMADO 22
CAPÍTULO II 23
LA DECISIÓN: CON MIEDO AL FRACASO VS. SIN MIEDO AL FRACASO 23
  DECIDIR CON MIEDO AL FRACASO... 24
  HABILIDAD COGNITIVA: AUTOCONTROL 25
  ELEGIR SIN MIEDO AL FRACASO 27
CAPÍTULO III 29
LA DECISIÓN: DESDE LA SATISFACCIÓN VS. LA INSATISFACCIÓN 29
  ELEGIR DESDE LA INSATISFACCIÓN 31
  HABILIDAD COGNITIVA: AUTOCONOCIMIENTO EMOCIONAL 32
  ELEGIR DESDE LA SATISFACCIÓN 33
CAPÍTULO IV 35
LA DECISIÓN: CON PRESIÓN VS. SIN PRESIÓN 35
  ELEGIR BAJO PRESIÓN 36
  HABILIDAD COGNITIVA: PROCESAMIENTO RÁPIDO DE INFORMACIÓN 37
  ELEGIR SIN PRESIÓN 38
CAPÍTULO V 39
LA DECISIÓN: CON UN GUÍA VS. SIN GUÍA 39
  ELEGIR SIN UN GUÍA 40
  HABILIDAD COGNITIVA: MEMORIA PROSPECTIVA 41
  DECIDIR CON UN GUÍA 44
CAPÍTULO VI 45
LA DECISIÓN: RESPONSABLE VS. IRRESPONSABLEMENTE 45
  ELEGIR IRRESPONSABLEMENTE 46
  HABILIDAD COGNITIVA: CONCIENCIA DE CONSECUENCIAS 47

ELEGIR RESPONSABLEMENTE 48

CAPÍTULO VII 49
LA DECISIÓN: CON AGRADO VS. DESAGRADO 49
ELEGIR CON DESAGRADO 50
Habilidad cognitiva: CONOCIMIENTO SOBRE EL PROPIO PENSAMIENTO 51
ELEGIR CON AGRADO 52

CAPÍTULO VIII 53
LA DECISIÓN: CON ESTRATEGIAS VS. SIN ELLAS 53
ELEGIR SIN ESTRATEGIAS 54
Habilidad cognitiva: PLANIFICACIÓN 55
ELEGIR CON ESTRATEGIAS 56

CAPÍTULO IX 57
LA DECISIÓN: CON OPTIMISMO VS. PESIMISMO 57
ELEGIR CON PESIMISMO 59
Habilidad cognitiva: GRATITUD 60
ELEGIR CON OPTIMISMO 61

CAPÍTULO X 63
LA DECISIÓN: CON METAS VS. SIN METAS 63
ELEGIR SIN METAS DEFINIDAS 64
Habilidad cognitiva: PRIORIZACIÓN 65
ELEGIR CON METAS DEFINIDAS 66

CAPÍTULO XI 67
LA DECISIÓN: CON CONFIANZA EN SI MISMO VS. SIN ELLA 67
ELEGIR SIN CONFIANZA EN SÍ MISMO 68
Habilidad cognitiva: APRENDIZAJE CONTINUO 69
ELEGIR CON CONFIANZA EN SÍ MISMO 71

CAPÍTULO XII 73
LA DECISIÓN: CON PAZ MENTAL VS. SIN ELLA 73
ELEGIR CON AGITACIÓN MENTAL 74
Habilidad cognitiva: MINDFULNESS 75
ELEGIR CON PAZ MENTAL 76

CAPÍTULO XIII 77

LA DECISIÓN: CON DETERMINACIÓN VS. SIN DETERMINACIÓN 77
- DECIDIR SIN DETERMINACIÓN 78
- Habilidad cognitiva: AUTOEFICACIA... 79
- DECIDIR CON DETERMINACIÓN 81

CAPÍTULO XIV 83

LA DECISIÓN: CON AUTOESTIMA ESTABLE VS. BAJA AUTOESTIMA 83
- DECIDIR CON AUTOESTIMA INESTABLE 84
- Habilidad cognitiva: MANEJO DE LA INCERTIDUMBRE 85
- ELEGIR CON AUTOESTIMA ESTABLE 86

CAPÍTULO XV 87

LA DECISIÓN: DESDE EL GUSTO VS. DESDE EL RECHAZO 87
- DECIDIR DESDE EL RECHAZO 89
- Habilidad cognitiva: CREATIVIDAD.. 90
- ELEGIR DESDE EL GUSTO... 92

CAPÍTULO XVI 93

LA DECISIÓN: CON PREOCUPACIÓN VS. TRANQUILIDAD 93
- DECIDIR CON PREOCUPACIÓN 94
- Habilidad cognitiva: AUTOACEPTACIÓN 95
- ELEGIR CON TRANQUILIDAD 97

CAPÍTULO XVII 99

LA DECISIÓN: CON RUMBO CLARO VS. CON RUMBO INCIERTO 99
- DECIDIR CON RUMBO INCIERTO 100
- Habilidad cognitiva: PENSAMIENTO LÓGICO... 101
- ELEGIR CON RUMBO CLARO 103

CAPÍTULO XVIII 105

LA DECISIÓN: COMO INVERSIÓN VS. COMO GASTO 105
- LA DECISIÓN COMO GASTO 106
- Habilidad cognitiva: RESOLUCIÓN DE PROBLEMAS.................................. 107
- LA DECISIÓN COMO INVERSIÓN 108

CAPÍTULO XIX 109

LA DECISIÓN: SABIENDO COMO DECIDIR VS. SIN SABERLO 109
- FALTA DE HABILIDAD PARA DECIDIR 111

- Habilidad cognitiva: FLEXIBILIDAD COGNITIVA 112
- ELEGIR CONSCIENTEMENTE 113

CAPÍTULO XX 115
LA DECISIÓN: CON ACCIÓN VS. SIN ACCIÓN 115
- LA DECISIÓN SIN ACCIÓN 116
- Habilidad cognitiva: AUTODISCIPLINA 117
- LA DECISIÓN CON ACCIÓN. 119
- CONCLUSIÓN 121

AGRADECIMIENTOS

A mi amada esposa y a mi querido hijo,
cómplices de vida,
quienes han sido mi fuente de aliento,
su amor y apoyo incondicional han sido mi impulso en este viaje.
A mis padres, quienes me han enseñado los valores del esfuerzo
y la perseverancia, gracias por creer en mí
y por ser mi motivación.
Y a todas las personas que han cruzado mi camino,
aquellas que con sus acciones y experiencias me han inspirado,
gracias por ser parte de mi aprendizaje y crecimiento.
Este libro está dedicado a todos ustedes,
porque sin su presencia y ejemplo,
no habría llegado a estas valiosas conclusiones.

Con gratitud,

Roberto Garrido Cárdenas

¡BIENVENIDOS A MI LIBRO!

Antes de adentrarte al mundo de la consciencia, considera lo siguiente, lee este libro con la inocencia de un niño ávido de querer armar y resolver un rompecabezas que le acaban de regalar, lo digo con la certeza de que, al iniciar la lectura, quedarán al descubierto muchos conceptos que te ayudarán a diseñar nuevos filtros perceptuales que te conectarán con una experiencia de vida enriquecida.

He seleccionado cuidadosamente 20 criterios de mi libro "#EligeBien" (Complemento de este libro y desarrollado como cuaderno de trabajo) y 20 habilidades cognitivas esenciales y poderosas que considero fundamentales para tomar decisiones conscientes en la vida.

Debes saber también, que dichos criterios los muestro en forma de frases célebres (netas) que he creado a lo largo de los años, basadas en mi experiencia personal y en los conocimientos que he adquirido a través de la vida.

Estas citas están diseñadas para inspirarte, hacerte reflexionar y ayudarte a tomar decisiones importantes en tu vida. Cada una de ellas es una pequeña cápsula de sabiduría que te ayudará a conectarte con tu propia intuición y a encontrar la claridad que necesitas para avanzar en tu camino.

Para leer, interpretar, discernir, utilizar y conectar con lo valioso de cada frase, te recomiendo que te tomes el tiempo para reflexionar sobre ellas. Tómate unos minutos para leer cada frase con detenimiento, piensa en cómo aplica a tu vida y bríndate la oportunidad de contestar cada una de las preguntas para explorarlas a fondo. ¡Prepárate para descubrir su poder transformador!

INTRODUCCIÓN

¡Si tienes este libro en tus manos, tienes un verdadero tesoro contigo! ¿Por qué? Porque cada uno de nosotros toma decisiones en cada momento de nuestras vidas. ¿Sabías que se estima que tomamos alrededor de 35,000 decisiones al día? La mayoría de ellas son automáticas y no tienen un impacto significativo en nuestra vida. Pero las otras, las que realmente importan y moldean nuestro destino, ahí es donde las cosas se ponen complicadas.

Cuando llega el momento de tomar una decisión importante, esas emociones y sensaciones incómodas comienzan a surgir, bloqueando la capacidad de pensar con claridad. Es en esos momentos claves donde necesitamos saber cómo tomar decisiones acertadas, y eso es exactamente lo que encontrarás en este libro: una guía práctica y un manual de toma de decisiones.

No importa tu edad ni las circunstancias en las que te encuentres, este libro tiene un mensaje vital y trascendental especialmente para ti. Desde elegir una carrera universitaria, decidir tu futuro laboral, seleccionar a tu pareja, enfrentar la pérdida de un ser querido, planificar tu jubilación, hasta decidir cómo administrar tu dinero o cómo disfrutar tus fines de semana, todas estas decisiones impactan directamente en tus resultados de vida.

Así que, toma este libro como un compañero de viaje, una brújula que te ayudará a navegar por las aguas turbias de la toma de decisiones. Recuerda que no hay casualidades, y si este libro ha llegado a tus manos, es porque contiene un mensaje muy importante y valioso para ti. Así que sumérgete en sus páginas y descubre la sabiduría que te espera. ¡tú tienes el poder de tomar decisiones sabias y redireccionar tu vida!

Te preguntarás:
¿Por qué diseñé frases célebres para este libro y las muestro con sus contrapartes o extremos?

Diseñar y utilizar frases célebres y emplear sus contrapartes tiene el propósito de permitir al lector visualizar los contrastes y, a partir de ellos, encontrar el equilibrio necesario. Esto conlleva a la toma de consciencia de cómo diferentes contextos te han llevado a resultados diversos al adoptar posturas extremas. Al reflexionar sobre estas frases, se fomenta la capacidad de proyectar hacia el futuro la utilización adecuada de cada criterio, potenciando así la posibilidad de decidir desde la consciencia.

En cada capítulo, encontrarás los conceptos fundamentales que serán abordados, acompañados de una reflexión profunda. Esta metodología te permitirá aclarar verdaderamente el significado, lo cual facilitará la activación de tus registros de vida neuro asociados al tema en cuestión. Como resultado, podrás visualizar con mayor claridad las múltiples opciones que las frases ofrecen.

Nota importante:

Es fundamental responder a las preguntas después de cada dicho, ya que a nivel neurocientífico esta práctica de introspección y autoevaluación, brinda a la persona, la oportunidad de activar y fortalecer las conexiones neuronales. se estimula la actividad cerebral en regiones como la corteza prefrontal, responsable del razonamiento y la planificación, y el sistema límbico, involucrado en la gestión de emociones y motivaciones. Al repetir este proceso con cada una de las máximas, se fortalecen las conexiones neurales asociados con la toma de decisiones más conscientes, equilibradas y alineadas con los valores y objetivos personales.

Reglas de lectura y abordaje del libro

Antes de comenzar la lectura, es crucial mencionarte que en cada capítulo te presentaré seis frases redactadas por mí. Tres de estas frases se enfocarán en un extremo particular, mientras que las otras tres apuntarán al extremo opuesto. Mi intención es que puedas contrastar fácilmente los conceptos y, de esta manera, identificar patrones en tu toma de decisiones. A veces, es posible que tomes decisiones con facilidad en ciertos contextos, pero no te sea tan fácil identificar ese patrón en otros momentos y contextos. La presentación de estas frases tiene como objetivo que reconozcas esos patrones y seas capaz de aplicarlos en diversas situaciones de tu vida.

Además, abordaré un tema fascinante: la habilidad cognitiva necesaria para mejorar tu toma de decisiones. Estas habilidades cognitivas son fundamentales y necesitas desarrollarlas para fortalecer tu capacidad de decisión. Este enfoque te proporcionará una perspectiva única, permitiéndote fortalecerte, empoderarte y tomar elecciones conscientes, beneficiosas y sostenibles para tu vida.

Toma nota de cada detalle que encuentres revelador y valioso para tu vida. No te límites al hacerlo. Estas notas serán como tu mapa para ayudarte a encontrar las coordenadas correctas para acceder nuevamente a esa información guardada en tu cerebro. Las notas son muy benéficas, así que asegúrate de hacerlas lo más específicas y detalladas posible. Siéntete libre de subrayar y hacer anotaciones, ya que este es tu manual y así es como debes verlo.

¡Amarren los cinturones, comenzamos!

ROBERTO GARRIDO, MENTAL COACH.

CAPÍTULO I
LA DECISIÓN: INFORMADO VS. DESINFORMADO.

Informado al decidir:

Decidir informado es como hacer una tarea en la que necesitas investigar antes de empezar a hacerla. Es decir, cuando tienes que tomar una decisión importante, buscar la información correcta es como unir todas las pistas para resolver un misterio. Esto te ayuda a tener una idea clara, saber con certeza lo que está pasando para tomar una decisión más inteligente y potentes.

Desinformado al decidir:

Implica decidir a ciegas, basándote en rumores, dándote flojera a investigar o en lo que te dicen otros, pero eso puede llevarte a tomar una mala decisión. Decidir sin información es como intentar armar un rompecabezas que tiene piezas faltantes.

Reflexión:

¡Toma en cuenta lo siguiente! Tus decisiones son tan importantes que afectan positiva o negativamente el resto de tu vida. Si tomas una decisión sin investigar previamente, podrías fallar y decir adiós a la oportunidad de tener un porvenir satisfactorio y que te acerque a tus sueños. Podrías terminar haciendo algo "nada cool" o que no te ofrece el futuro que deseas. Esto podría hacerte llorar y añorar el haber tomado una decisión más informada, y tendrás que vivir pensando en el "hubiera".

Es importante investigar y tomar una decisión informada para evitar el clásico ¡te lo dije! Piensa en lo que te gusta, en tus intereses y en tus metas para el futuro. Así podrás elegir tus decisiones y acciones que te apasionen y que te brinden oportunidades de crecimiento profesional y personal. ¡Ánimo y a investigar!

ROBERTO GARRIDO, MENTAL COACH.

ELEGIR DESINFORMADO

Al elegir tu futuro desinformado,
tú serás el único timado

El que no sabe es como el que no ve,
así que, por favor,
evita caer en el intento
¡Mejor infórmate!

La ignorancia
hacer actuar como tontos,
a los perezosos.

Habilidad cognitiva:
PENSAMIENTO CRÍTICO

En el escenario de la vida, el Pensamiento Crítico es la luz que ilumina el camino hacia decisiones más acertadas. ¿Estás listo para encenderla?

Es importante profundizar en la importancia del desarrollo del Pensamiento Crítico como habilidad cognitiva clave para la toma de decisiones informadas y efectivas.

Conozcamos a Valery, una madre soltera y empresaria que, en medio de desafíos financieros, se enfrenta a una oferta de inversión tentadora. Sin ejercitar su Pensamiento Crítico, se deja llevar por las promesas brillantes y toma la decisión de invertir sin analizar los riesgos. La historia de Valery nos enseña que, a veces, la falta de Pensamiento Crítico puede nublar nuestra visión hacia lo que realmente importa en el rompecabezas de la vida.

Como Mental Coach, he guiado a muchas personas que, como María, enfrentan desafíos al no ejercitar el Pensamiento Crítico.

Desarrollar esta habilidad nos permite analizar información de manera más profunda, cuestionar suposiciones y tomar decisiones fundamentadas. Las consecuencias de no cultivar esta habilidad pueden llevar a juicios apresurados, malas elecciones y repercusiones no deseadas.

Reflexiona sobre situaciones donde la falta de Pensamiento Crítico pudo haber afectado tus decisiones. ¿Cómo podrías haber abordado esas situaciones de manera diferente con una mente más crítica?

ELEGIR INFORMADO

Al igual que la exploración del universo nos lleva a descubrir cosas nuevas y emocionantes, informarte puede llevarte a descubrir nuevas oportunidades y perspectivas que nunca antes consideraste.

La información es como un tesoro, cuanto más profundo excaves, más riquezas encontrarás.

La información es como una mariposa, delicada pero sorprendente y fuerte, con una belleza que solo se revela a los que están frescos de mente.

CAPÍTULO II
LA DECISIÓN: CON MIEDO AL FRACASO VS. SIN MIEDO AL FRACASO

Sin miedo al fracaso:

Las personas con esta actitud no le temen a cometer errores o fallas, sino que tienen las agallas, confianza y la seguridad en ellos mismos para tomar riesgos y enfrentar desafíos sin permitir que el miedo al fracaso les quite el sueño, los paralice o los detenga en su camino hacia el éxito.

Con miedo al fracaso:

Las personas experimentan una emoción intensa y a menudo paralizante que surge ante la posibilidad de no alcanzar un objetivo o meta deseada, y se les manifiestan en forma de ansiedad, inseguridad, autocrítica excesiva y falta de confianza en las propias capacidades.

Reflexión:

Superar el miedo al fracaso es clave para alcanzar el éxito. Te debo de confesar algo, que, a pesar de estar preparado, a veces rondaba por mi cabeza cierto temor al escribí este libro, pero me sacudí ese miedo y mejor me enfoqué en mis logros y pasión por ayudar a las personas y por mi gusto por la escritura, y en los grandes beneficios que dará a los lectores para elegir adecuadamente en su vida. A pesar de las dificultades, perseveré y logré publicarlo. Aprendí que el miedo al fracaso es normal, pero no debe detenerme. Ahora me siento más seguro para enfrentar nuevos desafíos y tomar riesgos. Mi consejo para ti es que no te paralices por el miedo al fracaso, mejor enfócate en tus fortalezas y metas, y ten la confianza para seguir siempre adelante a pesar de las dificultades.

DECIDIR CON MIEDO AL FRACASO

Temer a fracasar genera ansiedad
y consecuencias nefastas.
La cura la recibes de tu interior
al aumentar tu autoconfianza.

El miedo al fracaso es como una tormenta oscura
que se cierne sobre ti,
puedes sentir que estás atrapado,
pero a medida que vas avanzando,
las nubes se disipan y la luz te permite salir.

El miedo al fracaso
es como tener en el dedo chiquito una espina,
no te mata,
¡pero como chinga!

Habilidad cognitiva:
AUTOCONTROL

En el caótico escenario de la vida, el Autocontrol emerge como el director que elimina la Dificultad para Priorizar. ¿Estás listo para recuperar el equilibrio en tus decisiones?

Mi objetivo en este análisis es mostrarte cómo el Autocontrol actúa como una herramienta esencial para mitigar la **dificultad para priorizar**, esa sensación abrumadora y desordenada al enfrentarse a múltiples decisiones.

Imaginemos a Evan, un ejecutivo de alto nivel con un horario sobrecargado. Sin el Autocontrol necesario, se ve muy presionado por la avalancha de decisiones diarias, desde prioridades laborales hasta responsabilidades familiares. Un día, decide implementar estrategias de Autocontrol y, gradualmente, experimenta una transformación. Evan ahora descubre como puede abordar sus decisiones con calma y claridad, eliminando la sensación de desorden en su vida.

Esta historia nos lleva a reconocer cómo el desarrollo de esta habilidad cognitiva puede marcar la diferencia en la gestión de nuestras vidas. A lo largo de los años, he tenido el privilegio de ser parte del proceso de transformación de muchas personas que, en muchos casos tenían esta habilidad atrofiada o poco utilizada.

El desarrollo del Autocontrol les ha permitido superar la sensación de urgencia constante, dándoles la capacidad de priorizar lo importante sobre lo urgente. Este cambio de enfoque ha tenido un impacto profundo en la toma de decisiones de estas personas, permitiéndoles alinear sus elecciones con sus valores y metas personales. Observar cómo reorientan sus vidas hacia un camino más significativo y satisfactorio es un recordatorio constante del poder transformador del Autocontrol en nuestras vidas.

Reflexiona sobre momentos en los que la falta de Autocontrol haya contribuido a la Dificultad para Priorizar en tu vida. ¿Cómo podrías haber manejado esas situaciones de manera diferente con un mayor Autocontrol?

Recuerda, cada paso hacia el Autocontrol es un paso hacia una vida más organizada y satisfactoria.

¿Y DE AQUÍ ADÓNDE?

ELEGIR SIN MIEDO AL FRACASO

Una mentalidad impetuosa
es el mejor impermeable
ante los diferentes miedos
que te vuelven inestable.

Saber que no hay éxitos ni fracaso,
sino simplemente hay resultados,
te hará más responsable de las decisiones
y acciones que tomes para tu futuro.

La polaridad entre el triunfo y el fracaso
es una ley universal,
donde el miedo te lleva a un extremo
y la confianza en ti mismo,
al extremo opuesto.

ROBERTO GARRIDO, MENTAL COACH.

CAPÍTULO III
LA DECISIÓN: DESDE LA SATISFACCIÓN VS. LA INSATISFACCIÓN

Satisfacción:

Estado de armonía interna y plenitud emocional que se alcanza al sentirse satisfecho con uno mismo, con las decisiones tomadas y con el camino que se ha recorrido hasta el momento; es una sensación profunda de bienestar que no depende tanto de los logros materiales o externos, sino más bien de una sensación de coherencia y congruencia interna entre tus valores, objetivos y acciones.

Insatisfacción:

Es una experiencia interna de malestar, decepción o frustración que surge cuando las necesidades, deseos o expectativas de una persona no se cumplen.

Este sentimiento puede ser un motor para buscar el cambio y mejorar la situación actual, o puede convertirse en una carga emocional que afecte la salud mental y el bienestar de la persona.

Reflexión:

Te comparto qué, de joven quise ser el mejor en mi equipo de fútbol y me esforzaba al máximo en cada entrenamiento y juego. Pero cuando no lograba cumplir mis expectativas, me sentía abrumado y frustrado. Me obsesioné con la idea de ganar y no disfrutaba el proceso. Luego me di cuenta de que mi deseo de ser el mejor se había convertido en una carga emocional que afectaba mi salud mental. Decidí cambiar mi enfoque y comencé a disfrutar más el juego, y valorar cada oportunidad de aprendizaje y crecimiento. Descubrí que, aunque es bueno tener metas y objetivos, debes tener cuidado de no dejarte llevar por el deseo de éxito a costa de tu bienestar emocional. La clave está en disfrutar el proceso y valorar cada paso que das hacia tu meta: así podrás alcanzar tus objetivos sin sacrificar tu bienestar emocional y lograr ambas cosas.

ELEGIR DESDE LA INSATISFACCIÓN

La insatisfacción
es como estar atrapado en un pantano,
cuanto más te desesperas, más te hundes.

Una mala elección es como una semilla
de maleza que crece y se arraiga
profundamente en la mente y en el corazón,
sumergiéndote en la más profunda insatisfacción

La cárcel de los miedos e indecisión,
está cimentada en la insatisfacción

Habilidad cognitiva:
AUTOCONOCIMIENTO EMOCIONAL

El Autoconocimiento Emocional actúa como un catalizador para el Crecimiento Personal Continuo.

En el viaje del crecimiento personal, el Autoconocimiento Emocional es la brújula que te guía hacia el continuo crecimiento. ¿Estás listo para explorar las profundidades de tu propia mente?

Conozcamos a Lucas, un emprendedor que, a pesar de su éxito profesional, se encontraba constantemente luchando con decisiones personales que afectaban su bienestar emocional. Al embarcarse en un viaje de Autoconocimiento Emocional, Lucas aprendió a identificar y comprender sus emociones. Este proceso le permitió abrazar su crecimiento personal de una manera significativa, guiándolo hacia decisiones más alineadas con su verdadero ser.

Esta historia resalta la importancia del Autoconocimiento Emocional. Como coach por más de 24 años, he tenido el privilegio de sumergirme en las enseñanzas de John Grinder, creador de la PNL, y desarrollar el Manual Operativo de la Mente. Ahora, comparto estas herramientas para potenciar el Autoconocimiento Emocional y guiar a las personas hacia un crecimiento personal continuo.

Buscar ayuda para que te ayuden a desarrollar esta habilidad única es esencial. Las consecuencias de ignorar este aspecto pueden incluir estancamiento emocional y la toma de decisiones incongruentes con el propio ser.

¿Y DE AQUÍ ADÓNDE?

ELEGIR DESDE LA SATISFACCIÓN

Las decisiones sabias y acertadas,
satisfacen al alma
y brindan la plenitud anhelada.

Deja que el vuelo del águila te inspire;
te elevará a lo más alto
y te sentirás libre

Elegir desde el gozo
es como tener wifi de alta velocidad,
te conecta rápidamente
con tu mejor versión de la realidad.

ROBERTO GARRIDO, MENTAL COACH.

CAPÍTULO IV
LA DECISIÓN: CON PRESIÓN VS. SIN PRESIÓN

Elegir sin presión:

Implica que tomes una decisión libre de influencias externas que puedan afectar negativamente tu elección, significa que la decisión la hagas de manera consciente, reflexiva y autónoma.

Elegir bajo presión:

Es tomar una decisión motivado por la necesidad de satisfacer las expectativas de los demás, en lugar de considerar tus propios intereses, gustos, metas y objetivos; esta presión puede venir de diferentes fuentes, tales como la familia, amigos, tu novio(a), la sociedad o la cultura, etc.

Reflexión:

Es súper importante que elijas y tomes decisiones en tu vida sin sentir que te estás o están metiendo presión. Pero ojo, no todas las opiniones de afuera te van a presionar, algunas pueden ser súper útiles para que tomes una buena decisión. Escucha a los demás, pero no seas obstinado y te cierres o rechaces sus ideas sin antes sacar la esencia y aprendizaje de sus mensajes, ya que pueden ayudarte a tener una perspectiva más amplia y te hagan percibir aspectos que no habías contemplado antes. Saber filtrar lo que te sirve y suma de lo que no, es clave para tomar la mejor decisión, por eso hay que tener una mente abierta.

ROBERTO GARRIDO, MENTAL COACH.

ELEGIR BAJO PRESIÓN

Decidir cuando estás bajo presión,
es como tratar de volar
con alas de plomo.

Tomar decisiones forzadas
es como caminar sobre una cuerda floja
sin red de seguridad,
te hace sentir vulnerable y expuesto
a caer en cualquier momento.

Te sentirás como un títere
en manos de alguien más,
manipulado, falso e incapaz,
si no aprendes a decidir
desde la paz.

Habilidad cognitiva:
PROCESAMIENTO RÁPIDO DE INFORMACIÓN

En el frenético baile de decisiones diarias, el procesamiento rápido de información es tu mejor compañero. ¿Te has sentido atrapado en el perfeccionismo? Descubre cómo esta habilidad puede liberarte de la parálisis decisional.

El **Procesamiento Rápido de Información** es una habilidad cognitiva que implica la capacidad de asimilar, interpretar y responder a la información de manera eficiente y veloz. Esta habilidad permite analizar y comprender datos o estímulos de manera rápida, facilitando la toma de decisiones y la ejecución de tareas en tiempo real.

Esta habilidad depende de la comunicación eficiente entre estas regiones cerebrales. La velocidad y la eficacia con la que se realiza este procesamiento están influenciadas por factores genéticos, experiencias previas, y la plasticidad cerebral, que permite adaptaciones a lo largo del tiempo. La práctica y el entrenamiento también pueden mejorar esta habilidad cognitiva.

Continuamos con la historia de Valery, ella postergaba decisiones cruciales, temerosa de no alcanzar la perfección. Al desarrollar el procesamiento rápido de información, Valery comenzó a evaluar y responder a los desafíos de manera más ágil. Esto no solo la liberó del peso del perfeccionismo, sino que también le permitió tomar decisiones fundamentales de manera más eficiente y sin miedo a la imperfección.

La historia de Valery nos lleva a reflexionar sobre nuestras propias vidas y el potencial que yace en tomar acción para desarrollar esta habilidad. ¿Qué opinas?

ROBERTO GARRIDO, MENTAL COACH.

ELEGIR SIN PRESIÓN

Elegir sin estrés,
te permite atender
la sabiduría interna,
alojada en tu ser.

Debes sacudirte la tensión,
para liberar tu mente
de ataduras ajenas
y decidir no sea una odisea.

Para encontrar la armonía
entre tus deseos y tu destino,
decidir con rumbo
y sin agobio es el camino.

CAPÍTULO V
LA DECISIÓN: CON UN GUÍA VS. SIN GUÍA

Elegir con una guía:

Significa pedir ayuda y dejarse aconsejar por alguien que sabe más que uno en un tema importante, esa persona puede ser un experto o alguien con experiencia. Esa persona te dará consejos y herramientas para que puedas tomar decisiones informadas.

Elegir sin un guía:

Se refiere a tomar decisiones importantes por tu cuenta y riesgo sin la ayuda o el consejo de un experto o alguien más experimentado y conocedor del tema en cuestión.

Reflexión:

¡Evita querer descubrir el hilo negro! ¡mejor que te enseñen cómo se hizo!

Elegir y decidir sin guía puede ser abrumador e inducir a tomar malas decisiones. Buscar una guía puede ahorrarte tiempo, darte perspectivas objetivas, claridad y apoyo emocional.

Una anécdota que puedo compartir es sobre una persona que visitó mi consultorio. Mientras le explicaba la metodología del "Manual Operativo de la Mente y Cerebro" que he desarrollado, esta persona repetía constantemente frases como "¿Por qué no vine antes contigo?" o "Si tan solo me lo hubieran dicho antes", etc. lamentaba no haber tenido acceso a esta información antes, ya que habría evitado muchas experiencias desagradables.

Este suceso resalta la importancia de buscar un apoyo y guía cuando se trata de tomar decisiones importantes en tu vida. A veces, solo necesitamos descubrir ciertas enseñanzas en el momento adecuado para poder modificar nuestras circunstancias y evitar dificultades innecesarias.

ELEGIR SIN UN GUÍA

Si has decidido seguir sin un mentor,
y enfrentar el dolor de una mala elección,
recuerda que aún puedes aprender,
y convertirlo en lección.

Puede llegar a ser terrible
querer arribar a tierra firme
sin un faro que te guíe.

Sin alguien que te refuerce
riesgosa será tu suerte.

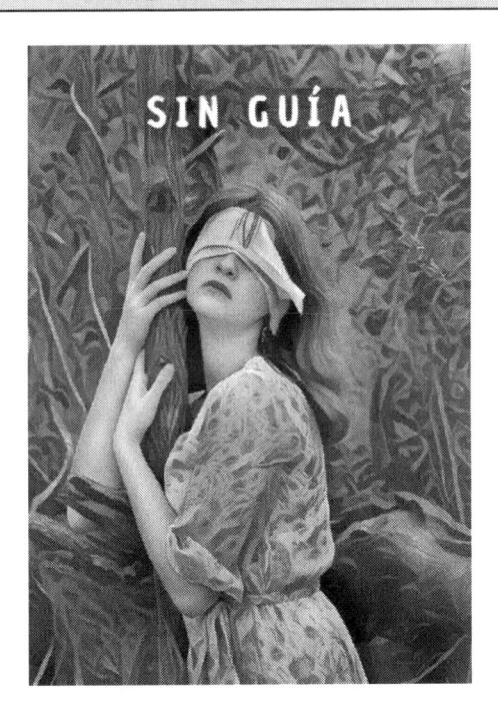

Habilidad cognitiva:
MEMORIA PROSPECTIVA

Tu memoria prospectiva es la escuadra y compás para trazar grandes éxitos en el lienzo de tu vida.

Esta gran destreza implica recordar y realizar acciones planificadas en el futuro, se considera una habilidad cognitiva debido a su naturaleza compleja y su conexión con el pensamiento consciente y la planificación. Aquí se explican algunas habilidades que conjuga:

1. **Proceso Cognitivo Avanzado:**
   La Memoria Prospectiva va más allá de la simple retención de información pasada; implica la proyección mental hacia el futuro y la planificación de acciones específicas.

2. **Consciencia Temporal:**
   Requiere una consciencia temporal para recordar y ejecutar acciones en momentos específicos del futuro.

3. **Planificación Mental:**
   Involucra la capacidad de planificar mentalmente eventos futuros, asignando recursos cognitivos para recordar y ejecutar tareas específicas.

4. **Conexión con Metas y Objetivos:**
   La Memoria Prospectiva está intrínsecamente relacionada con nuestras metas y objetivos. Nos ayuda a recordar y realizar acciones que contribuyen al logro de nuestras aspiraciones.

5. **Toma de Decisiones Informadas:**
   Al recordar acciones planificadas, podemos tomar decisiones informadas sobre cómo asignar nuestro tiempo y recursos para cumplir con nuestras responsabilidades y metas.

6. Autodisciplina:
La Memoria Prospectiva está vinculada a la autodisciplina, ya que implica recordar y seguir adelante con acciones planificadas, incluso cuando pueden no ser inmediatamente gratificantes. (En otro capítulo abordaremos más a detalle).

Continuemos aprendiendo de Evan, Lucas y Valery. Cada uno con sueños únicos, se encontraron con la memoria prospectiva como su guía personal. Evan, el pragmático, utilizó esta habilidad para establecer metas específicas, asegurándose de que cada paso lo acercara a su visión de éxito. Lucas, con su enfoque experiencial, empleó la memoria prospectiva para aprender de sus errores, ajustando su camino hacia metas más alcanzables. Valery, la soñadora, utilizó esta capacidad para crear realidades únicas, llevando sus sueños a la realización.

Estos tres amigos no solo fueron beneficiarios de la memoria prospectiva, sino que también se convirtieron en mentores. Enseñaron a otros cómo utilizar esta herramienta vital para forjar caminos claros hacia sus metas. Descubrieron que, al enseñar a otros, su entendimiento y aplicabilidad de las habilidades cognitivas les mostraban las posibilidades infinitas que existen para su uso, y eso los fortaleció enormemente.

La memoria prospectiva es vital, imprescindible para la evolución humana. Sin esta capacidad, el ser humano no habría evolucionado ni se habría propuesto metas. No se habrían logrado hazañas como aprender a tocar un instrumento, ni se habría investigado y prospectado para crear nuevas realidades. Sin la memoria prospectiva, no existirían tecnologías como el Wifi o las computadoras; todo sería inimaginable.

Esta capacidad actúa como una linterna que nos guía hacia nuestro destino, nuestras metas deseadas y es de suma importancia, ya que su desarrollo requiere numerosas interconexiones neuronales. Este capítulo resulta fascinante, ya que explora esta cualidad y el criterio asociado. Al escribir este libro, me doy cuenta de cómo todo está interconectado, y cómo el proceso de toma de decisiones puede ser sencillo o complicado, dependiendo de cómo te dispongas a crearlo y determinarlo. Es esencial aprender las habilidades y criterios que se presentan en este libro, ya que funcionan como una guía para brindarte tranquilidad, confianza y conocimientos. Estos elementos te permitirán desarrollar hábitos saludables para una benéfica y ecológica toma de decisiones efectivas para tu vida.

ROBERTO GARRIDO, MENTAL COACH.

DECIDIR CON UN GUÍA

Incluso el mejor piloto
necesita un copiloto
para llegar a su destino.

Para lograr la meta
sin confusión,
acepta un guía
en tu elección.

GPS = Guía a tu lado.

Un guía te libra de muchos golpes

CAPÍTULO VI
LA DECISIÓN: RESPONSABLE VS. IRRESPONSABLEMENTE

Responsabilidad:

Es la capacidad de asumir las consecuencias de tus propias decisiones y acciones, tanto positivas como negativas. Implica tomar decisiones informadas, considerar los efectos que estas tendrán en uno mismo y en los demás, y estar dispuesto a aceptar las consecuencias de dichas decisiones. La responsabilidad también implica el cumplimiento de las obligaciones y compromisos adquiridos, así como la disposición a corregir los errores cometidos y a aprender de ellos.

Irresponsabilidad:

Se refiere a la falta de compromiso o de cumplimiento de las obligaciones o deberes que corresponden a una persona en un determinado ámbito. Implica actuar de manera impulsiva, sin pensar en los posibles efectos negativos que puedan surgir y sin estar dispuesto a enfrentar las consecuencias de sus acciones.

Reflexión:

Con los años uno descubre muchas cosas y este es uno de estos descubrimientos que siento te será muy útil para tu vida.

Cuando eres irresponsable con los demás, serás irresponsable contigo mismo. Si no cumples con tus obligaciones y compromisos, tendrás dificultades para ganar el respeto de los demás y establecer una buena reputación. Cuando te das cuenta de que tu comportamiento ha tenido consecuencias negativas para ti y para los demás, puedes sentirte mal y arrepentido. Perder tu seriedad y fiabilidad en ti mismo, es uno de los peores virus mentales que afectarán tu elección. **¡Así qué ya sabes cómo y por dónde conducirte!**

ROBERTO GARRIDO, MENTAL COACH.

ELEGIR IRRESPONSABLEMENTE

Si tomas decisiones
sin responsabilidad,
la intranquilidad
y las dudas te atormentarán.

Elegir irresponsablemente
es como llevar a tu novia al cine,
sin verificar si llevas dinero.

La falta de fiabilidad
puede degradar y disminuir
tu capacidad intelectual.

Habilidad cognitiva:
CONCIENCIA DE CONSECUENCIAS

Imagina tener un superpoder que no solo guíe tus decisiones, sino que también cultive un amor propio inquebrantable.

La conciencia de consecuencias se convierte en un aliado invaluable para el desarrollo del amor propio al orientar nuestras decisiones hacia el autocuidado y el respeto hacia uno mismo. Cuando dirigimos esta habilidad hacia nuestras elecciones diarias, comenzamos a percibir cómo cada decisión impacta nuestro bienestar a largo plazo.

Regresemos con Lucas, un joven que solía enfrentar decisiones impulsivas sin considerar las posibles repercusiones. Al desarrollar la conciencia de consecuencias, Lucas comenzó a identificar fácilmente cómo cada elección afectaría su bienestar a futuro. Esta revelación le brindó una mayor conciencia en su día a día, otorgándole una paz interna que antes no conocía. Desde ese punto, Lucas empezó a tomar sus decisiones de manera más objetiva y alineada con sus metas. Al integrar el amor y el respeto en cada elección, descubrió una nueva dimensión en la toma de decisiones. Este enfoque le permitió no solo avanzar hacia sus metas, sino también cultivar una mejor relación consigo mismo basada en la autenticidad y la consideración, añadiendo un toque de comprensión y racionalidad a cada elección.

Lamentablemente, esta habilidad crucial rara vez se enseña en las escuelas oficiales. A menudo, la vida nos brinda esa lección, pero a un costo elevado y sin compasión.

ELEGIR RESPONSABLEMENTE

En la montaña rusa de la vida,
la responsabilidad es como el cinturón de seguridad
que te mantiene dentro del juego.

Decidir con responsabilidad es virtuoso;
implica ponderar las consecuencias
y tomar acción con decisión,
para alcanzar la realización.

Actuar responsablemente
es como navegar en un río con un mapa:
midiendo las corrientes y evitando los obstáculos,
para llegar felizmente a tu destino.

CAPÍTULO VII
LA DECISIÓN: CON AGRADO VS. DESAGRADO

Agrado:
Es cuando tienes una sensación o estado de satisfacción o placer ante algo o alguien.

Desagrado:
Es un sentimiento de incomodidad, disgusto o rechazo. El desagrado puede manifestarse a través de emociones como la frustración, la ira o la tristeza.

Reflexión:
Cuando te percatas que estás experimentando desagrado, es esencial que te lo agradezcas, ya que te está indicando que lo que estás haciendo va en contra de tus reglas internas con las que operas y que cuando se ven rebasados dichos límites, tu mente y cerebro te envían la alerta por medio de la emoción del desagrado, con la intención de que te hagas consciente de que se ha visto violentada dicha regla.

Realiza la siguiente actividad que te ayudará a identificar fácilmente tus emociones.

Haz una lista de las cosas que te desagradan: Toma un papel y un lápiz, y escribe todas las situaciones que te hacen sentir mal o incómodo, luego reflexiona sobre cada una y trata de identificar por qué te hacen sentir así. ¿Es porque van en contra de tus valores y principios internos? ¿O es porque tienes una idea antigua o inadecuada que necesita actualizarse? Al final, puedes tomar una decisión consciente sobre cómo manejar esas situaciones en el futuro.

Compártenos tu experiencia en el WhatsApp (+52) 2281363100.

ROBERTO GARRIDO, MENTAL COACH.

ELEGIR CON DESAGRADO

El camino a tu perdición
tiene escalas en el desagrado,
la desdicha y la frustración.

Si te da mal rollo,
analiza el origen del embrollo.

Para que evoluciones,
primero sintoniza tus emociones.

Habilidad cognitiva:
CONOCIMIENTO SOBRE EL PROPIO PENSAMIENTO

Descubre en tu pensamiento un aliado para desarrollar una resiliencia consciente

Esta habilidad cognitiva se refiere a la capacidad de una persona para reflexionar y comprender su propio proceso de pensamiento. Implica ser consciente de los propios pensamientos, creencias, sesgos y procesos mentales. El conocimiento sobre el propio pensamiento permite a una persona ser más consciente de cómo sus propias percepciones y cogniciones pueden influir en sus decisiones y acciones a su favor o en su contra.

Valery, quien solía enfrentar desafíos con incertidumbre, descubrió que, al profundizar en el conocimiento sobre su propio pensamiento, logró fortalecer su resiliencia. Al comprender cómo sus pensamientos influían en sus emociones, acciones y resultados de vida, Valery aprendió a tomar decisiones conscientes a diferencias de sus amigas y amigos que desconocían y carecían de esta habilidad. Este cambio no solo le permitió sentirse más segura y con una confianza interna nunca antes imaginada.

Muchos subestiman la importancia de comprender sus propios pensamientos. Lo ven como algo ajeno o como jugadas maliciosas de la mente. Pero, ¿alguna vez te has preguntado cómo se genera un pensamiento?

ROBERTO GARRIDO, MENTAL COACH.

ELEGIR CON AGRADO

Take a time para decidir
algo que te apasione,
y evitarás cualquier error
que después te decepcione.

Al elegir con amor,
estarás dispuesto(a) a invertir
más tiempo y esfuerzo,
dándote grandes logros
que incrementarán tu empeño.

Elegir con gusto,
es el privilegio de los justos,
que saben usar sus emociones
en favor de sus intenciones.

CAPÍTULO VIII
LA DECISIÓN: CON ESTRATEGIAS VS. SIN ELLAS

Tener estrategias:
Es como la fórmula para resolver un problema. Se trata de un plan que te traza la ruta y donde te incluye las decisiones y acciones específicas a realizar para alcanzar una meta en un plazo determinado.

No tener estrategia:
Decidir sin estrategias implica actuar de forma improvisada, sin una visión clara de los objetivos y sin considerar las consecuencias a corto, mediano y largo plazo. Es como andar en bicicleta sin manos en el manubrio, sin saber a dónde vas y sin controlar la dirección, lo que puede llevarte a resultados impredecibles e indeseados.

Reflexión:
Imagínate sentado en una terraza con tus amigos, discutiendo cómo elegir una carrera universitaria. Uno de tus amigos sugiere que no necesitamos una estrategia, sino que podemos simplemente probar diferentes opciones hasta encontrar algo que nos guste. Sin embargo, tú les respondes que tomar decisiones impulsivas sin una estrategia clara puede llevar a resultados negativos.

Les explicas que en realidad todos diseñamos estrategias en nuestra vida diaria, desde elegir la mejor ruta para ir a la escuela hasta planificar nuestras actividades del fin de semana. Les haces notar que este mismo pensamiento estratégico se puede aplicar a la elección de una carrera universitaria.

Tus amigos se interesan más en el tema y deciden profundizar en cómo desarrollar una estrategia efectiva para elegir la carrera adecuada. También razonan y analizan cómo nuestro **GPS mental** nos puede ayudar a navegar hacia nuestros objetivos una vez que los hemos **definido claramente y le marcamos la ruta.**

ROBERTO GARRIDO, MENTAL COACH.

ELEGIR SIN ESTRATEGIAS

La elección sin estrategia
es como saltar en paracaídas
sin paracaídas.

Sin planes en tus decisiones,
no cool para tus elecciones.

La falta de estrategias
es la premonición
de varias tragedias.

¿Y DE AQUÍ ADÓNDE?

Habilidad cognitiva:
PLANIFICACIÓN

Planifica tu éxito, evita la frustración y nunca te sientas perdido en la vida.

La habilidad cognitiva de planificación es la capacidad de diseñar y organizar un plan detallado para lograr un objetivo específico. En el contexto de la toma de decisiones, la planificación implica una comprensión integral del objetivo y la capacidad de descomponerlo en pasos más pequeños y manejables para identificar y secuenciar las acciones necesarias y definir los recursos requeridos, como tiempo, dinero, habilidades y conocimientos. Además, se considera cómo se asignarán eficientemente estos recursos para lograr el objetivo, anticipando posibles desafíos y obstáculos que podrían surgir en el camino. La planificación también implica el desarrollo de ideas para superar estos obstáculos, lo que ayuda a prepararse para contingencias y a mantener la flexibilidad en la toma de decisiones.

Evan, un apasionado por la música, se sentía frustrado y perdido en su sueño de ser compositor. Al aprender sobre la planificación en la toma de decisiones, desglosó sus metas en pasos manejables. Estableció horarios de práctica y metas claras, invirtió en equipos y participó en eventos locales. La planificación le proporcionó dirección, medida de progreso y evitó la frustración. Evan transformó su camino musical, pasando de sentirse perdido a navegar con confianza y determinación hacia el éxito. La historia destaca cómo la planificación es clave en la toma de decisiones, brindando claridad y evitando la frustración.

¡Despierta tu potencial! La planificación no solo es la llave, sino el motor que transforma sueños en realidad. ¡Haz tus planes ahora y conquista tus metas!

ELEGIR CON ESTRATEGIAS

La visión te da el rumbo,
la planeación las coordenadas,
las estrategias el camino
y las acciones te llevan al destino.

Ser un estratega
es saber el arte de pintar el futuro
con acciones del presente.

Tener ideas es genial,
¡diseñar planes es súper wow!,
¡pero hacerlos realidad
es realmente épico!

Con estrategias y planes

CAPÍTULO IX
LA DECISIÓN: CON OPTIMISMO VS. PESIMISMO

Optimismo:

El optimismo es ver las cosas de una manera positiva, esperando lo mejor en cada situación. Es como tener una luz brillante que te permite ver el lado bueno de las cosas, incluso en los momentos difíciles.

Pesimismo:

El pesimismo es una actitud negativa donde se piensa que las cosas siempre saldrán mal y no vale la pena intentarlo. Esto nubla la visión del futuro, llevándote a sentir tristeza, desesperanza y desmotivación.

Reflexión:

¿Crees tú, que el pesimismo es malo?

Durante mis investigaciones, reflexioné sobre el pesimismo y el optimismo, y cómo influyen en nuestra forma de pensar y tomar decisiones. Descubrí que el pesimismo no siempre es negativo, ya que puede ser útil en ciertas situaciones al permitirnos considerar los peores escenarios y tomar medidas preventivas. Al cambiar mi enfoque mental hacia el pesimismo, me volví más crítico y cuidadoso al decidir.

Cuando sientas pesimismo, eso te indica que no tienes suficiente información registrada en tu mente y cerebro para llevar a cabo una actividad o acción. Un ejemplo claro es el manejar un automóvil. Si no sabes conducir y te piden que lo manejes, tu mente, cerebro y cuerpo te alertarán a través de sensaciones y pensamientos pesimistas para indicarte que no tienes la habilidad necesaria.

Al experimentar el pesimismo, se nos brinda la oportunidad de tomar conciencia de los conocimientos que debemos adquirir para poder superarlo de manera natural. Es una oportunidad para crecer y aprender. Al aumentar nuestros conocimientos y habilidades en esa área en particular, notaremos que el pesimismo disminuye o desaparece por completo.

Recuerda que el pesimismo no es un juicio negativo hacia ti mismo, sino una señal de que necesitas desarrollar ciertos conocimientos.

ELEGIR CON PESIMISMO

El pesimismo es una gris cachetada
que sonroja tu confianza
y tiñe de lodo tu blanca esperanza.

Es difícil ver la luz al final del túnel
cuando estás convencido
de que dicha luz no existe.

Si la onda pesimista te rodea,
le quitará brillo a tu optimismo,
tu voluntad será eclipsada
y erosionado verás tu destino.

Habilidad cognitiva:
GRATITUD

Rompe la inercia de la insatisfacción con la gratitud diaria: el secreto para un estado de gracia continuo.

La gratitud es una habilidad cognitiva emocional que implica reconocer y apreciar las cosas positivas en la vida, así como valorar las contribuciones de los demás. Se trata de centrarse en lo que se tiene en lugar de lo que falta y cultivar una actitud agradecida.

Tomar decisiones desde la gratitud implica reconocer lo grato en la vida. Este enfoque no solo motiva la exploración de nuevas experiencias, sino que también facilita el proceso emprendedor al reducir el miedo al fracaso y fomentar conexiones positivas, contribuyendo así a que la toma de decisiones no se perciba como un evento difícil o traumático.

Te comparto mi historia. La gratitud es una actitud, un momento que se debe replicar día a día. Tengo por costumbre, desde hace ya un tiempo, poner la alarma de mi reloj a las 11:11 minutos del día. En ese momento, independientemente de lo que esté haciendo, empiezo a agradecer por todo lo que tengo. Hago una pausa y agradezco por mi vida, por todo lo que tengo, y me hago consciente de todas mis bendiciones. Este ritual me conecta con un estado de gracia, óptimo, de decir: "Todo está bien". Me ayuda también a poner freno a ese acelere y a conectarme con lo que sí tengo, en lugar de concentrarme en lo que no tengo. Esta práctica me ha ayudado a afrontar desafíos, como la escritura y publicación de mis libros, algo que a principios de año pensé que era imposible. Conectar con la actitud de gratitud me ayudó a desvanecer mis barreras mentales. Te insto a que lo practiques para que vivas la experiencia de la gratitud, una habilidad cognitiva y emocional que nos hace más conscientes de cómo funcionamos y operamos como seres humanos.

ELEGIR CON OPTIMISMO

El optimismo es un faro
en la noche oscura,
que alumbra tu camino
hacia la aventura.

El desaliento se cura
cuando la positividad perdura.

Afrontar con optimismo tus aspiraciones
te permitirá fluir en tus decisiones.

ROBERTO GARRIDO, MENTAL COACH.

CAPÍTULO X
LA DECISIÓN: CON METAS VS. SIN METAS

Tener metas:
Es como tener un mapa que te muestra hacia dónde quieres ir. Es como poseer un destino que te motiva a tomar decisiones y a trabajar duro para llegar ahí. Así que, piensa en lo que quieres lograr y pon todo tu esfuerzo y energía en ello.

No tener metas:
Significa vivir sin una dirección clara, sin saber hacia dónde quieres ir o qué quieres lograr.

Reflexión:
Déjame contarte una anécdota. Recuerdo haber tenido una paciente en mi consultorio que enfrentaba dificultades para tomar decisiones importantes en su vida. En ese momento, le compartí la siguiente metáfora:

Le dije que imaginara su cerebro como si fuera un GPS, similar a Google Maps, que la guiaba hacia donde quisiera ir. Le expliqué que cada vez que cambiaba de opinión o tomaba decisiones diferentes, su GPS mental se confundía y la llevaba por caminos distintos, lo cual puede alterar su futuro de maneras impredecibles.

Le aconsejé que reflexionara cuidadosamente antes de tomar una decisión, pero sin ser tan analítica que la paralizara o atormentara. Enfaticé que, al tener metas claras, las decisiones y acciones que tomara en el presente la acercarían más rápido a alcanzarlas.

Este enfoque le permitió visualizar cómo cada decisión tomada podía influir en su camino hacia sus fines. Al entender la importancia de tomar decisiones conscientes y alineadas con sus metas, pudo adquirir una mayor claridad en su proceso de toma de decisiones y avanzar de manera más segura y fluir hacia sus objetivos.

Por último, le expliqué que, ¡el no decidir ya es una decisión!

ELEGIR SIN METAS DEFINIDAS

Sin metas ni desafíos,
mediocre será tu destino.

Una mente sin dirección,
está encaminada a la desilusión.

Sin metas ni objetivos en la vida,
tu existencia se desvanece
en la monotonía.

Habilidad cognitiva:
PRIORIZACIÓN

Priorizar con visión y propósito: el arte de fluir hacia tus metas y darle sentido a cada paso.

La habilidad cognitiva de Priorización se refiere a la capacidad de evaluar y clasificar elementos, tareas o metas en función de su importancia relativa, para luego asignarles un orden de atención o acción según su relevancia. Esta habilidad se considera cognitiva porque implica procesos mentales y toma de decisiones conscientes relacionadas con la organización y asignación de recursos mentales, como enfoque y orden.

Echemos un vistazo a la historia de Lucas, un hombre apasionado por sus sueños, se encontró atrapado en la vorágine del día a día. Sin un enfoque claro, sus proyectos se dispersaban como hojas al viento. Un día, aprendió el valor de la priorización al perderse en un proyecto sin rumbo.

Después de dicha experiencia, Lucas entendió la diferencia entre el pensamiento táctico y estratégico. Mientras el primero carecía de dirección, el segundo creaba conexiones que daban significado a cada paso. La priorización, como el gis en un pizarrón, marcaba la ruta y recordaba la dirección. Lucas abrazó la idea de que, al priorizar conscientemente, cada decisión y acción se convertían en pasos deliberados hacia mejorar sus resultados y realizar sus metas a largo plazo.

La priorización, más allá de una frase cliché, se volvía su brújula para distinguir lo importante con rumbo de lo urgente e intrascendente. Esta experiencia le enseñó que, al alinear cada acción con metas más amplias, le ayudará a vivir su presente con la tranquilidad de que cada decisión y acción lo conducirá a su destino planeado, similar a cuando ponemos el destino en el GPS y dejamos que la aplicación nos lleve a las coordenadas marcadas.

ROBERTO GARRIDO, MENTAL COACH.

ELEGIR CON METAS DEFINIDAS

Si quieres alcanzar tus metas con éxito,
la acción es tu mejor pretexto.

Al GPS tus objetivos debes ingresar
para la ruta correcta encontrar.
Datos de ubicación, clave esencial,
¡para llegar a tu meta final!

¿A quién no le gustaría tener la llave
que nos abre las puertas a oportunidades infinitas
y nos permita ver el mundo
desde nuevas perspectivas?
¡Qué maravilloso sería!

CAPÍTULO XI
LA DECISIÓN: CON CONFIANZA EN SI MISMO VS. SIN ELLA

Confianza en sí mismo:
Es tener una actitud positiva y segura hacia uno mismo, creer en las propias capacidades y habilidades, y confiar en que se puede alcanzar las metas y objetivos propuestos.

Desconfianza en sí mismo:
Es cuando no te sientes lo suficientemente bueno(a) o competente para alcanzar tus fines deseados, lo que puede generar inseguridad, miedo y ansiedad. Es una percepción negativa de sí mismo que limita el crecimiento y desarrollo personal.

Reflexión:
Tener confianza en ti mismo es como tener un súper poder muy especial. Es creer en ti mismo y saber que eres capaz de hacer las cosas que te propongas, aunque a veces parezcan difíciles. Cuando tienes confianza en ti mismo, puedes experimentar, aprender, explorar y hacer nuevos amigos sin temor.

Por favor, tómate un breve momento al finalizar de leer este párrafo para cerrar los ojos y recordar tres momentos en tu vida en los que te hayas sentido realmente seguro(a) de ti mismo(a). Siéntete consciente de las emociones y sensaciones positivas que te generaron esos momentos.

Ahora, quiero que sepas que, en el futuro, cuando necesites recuperar esa confianza interior, solo tendrás que cerrar los ojos y recordar esos momentos especiales. Al hacerlo, podrás activar ese sentimiento de poder y seguridad en ti, brindándote la fuerza necesaria para enfrentar cualquier desafío que se presente en tu camino.

Este regalo que te doy con este ejercicio en PNL se llama "anclaje de poder".

ROBERTO GARRIDO, MENTAL COACH.

ELEGIR SIN CONFIANZA EN SÍ MISMO

La inseguridad y desconfianza
son venenos
que indiscutiblemente mata
todos tus sueños.

La duda y la indecisión
debilitan más
que un golpe de calor.

No confiar en ti es como la helada
que logra atrofiar
las alas del ave que quiere volar.

SIN FE EN SÍ MISMO, ATRAPADO EN SUS MIEDOS

Habilidad cognitiva:
APRENDIZAJE CONTINUO

Logra resultados por arriba del promedio aprendiendo siempre: La clave para superar miedos y alcanzar tus metas es el aprendizaje continuo

La habilidad cognitiva de Aprendizaje Continuo se refiere a la capacidad de adaptar estrategias con confianza basándose en la continua adquisición de conocimientos. Es considerada una habilidad cognitiva porque implica procesar información, ajustar enfoques y tomar decisiones informadas a medida que se adquiere nueva experiencia. No se limita al ámbito educativo, sino que se extiende a aplicar conocimientos y habilidades en diversas situaciones. El aprendizaje continuo implica flexibilidad mental y apertura para adquirir y aplicar nuevos conocimientos, contribuyendo a una toma de decisiones más adaptativa y efectiva.

Hay un dicho que menciono a menudo: **"El hubieras, si existe y sirve de mucho"**. Se refiere a la valiosa oportunidad de aprender de situaciones pasadas, ya sean gratas o no, para aplicar esos aprendizajes en el futuro. Analizar lo que hicimos bien, qué nos faltó hacer y qué errores cometimos nos brinda la sabiduría necesaria para evitar caer en las mismas trampas. La clave está en aprovechar esas lecciones para superar miedos y alcanzar metas, convirtiendo cada experiencia en un escalón hacia el éxito.

Por ejemplo, muchas personas, cuando atraviesan una ruptura o una experiencia desagradable, tienden a querer olvidar ese momento sin realizar un análisis detenido. No reflexionan sobre lo que aprendieron de esa situación: qué hicieron bien, qué les faltó hacer, cuáles fueron los errores cometidos y las señales que ignoraron por diversas razones, para evitar confrontar la situación o por comodidad. Esta falta de análisis conduce a no aprender de la experiencia, lo que a su vez puede llevar a repetir los mismos errores. Recuerdo una conversación con alguien que había tenido tres relaciones similares con parejas alcohólicas y le señalé que no había aprendido ni realizado el análisis necesario para buscar personas con diferentes patrones. Es por eso que insisto en que **"El hubiera existe y sirve de mucho"**, ya que se refiere a ese análisis profundo que se debe hacer para evitar desaciertos futuros.

ELEGIR CON CONFIANZA EN SÍ MISMO

Si no te quieres tambalear
confianza en ti mismo
debes cultivar y demostrar.

Si temes tropezar o caer,
creé en ti mismo y lograrás vencer.

La importancia de tener confianza en ti mismo
no radica en la confianza misma,
sino en lo que lograrás
y el poder que obtendrás
al sentir que eres valioso y capaz.

ROBERTO GARRIDO, MENTAL COACH.

CAPÍTULO XII
LA DECISIÓN: CON PAZ MENTAL VS. SIN ELLA

Paz Mental:

Es andar bien Dalay, fluyendo y en equilibrio emocional, dejando que el mundo corra, sin engancharte con las cosas y sin preocupaciones que te alteren. Es sentir bienestar interior y estar en calma contigo mismo.

Agitación Mental:

Es cuando andas con los nervios de punta, como león enjaulado y no puedes enfocarte ni concentrarte en algo. Esto puede ser detonado por diferentes cosas, como preocupaciones, problemas emocionales o físicos, cambios en tu vida o demasiado estrés.

Reflexión:

Había una vez un joven que tenía un caos en su cabeza y tenía muchas dificultades para tomar decisiones importantes en su vida. Era un manojo de nervios, lo que lo hacía elegir sin pensar mucho y, en muchos casos, tomar decisiones equivocadas. Un día, decidió buscar ayuda y se encontró con un sabio anciano en las montañas.

El anciano le preguntó al joven sobre su problema y le dijo: "Cuando tu mente está en calma y en paz, puedes ver las cosas con claridad y tomar decisiones con sabiduría". El joven no entendía cómo lograr esa calma interior, y el anciano le respondió: "Practica la meditación, la reflexión y la introspección diariamente para reducir tu ruido mental que te genera la turbulencia emocional".

El joven se puso trucha y siguió el consejo. Con el tiempo, su mente se calibró y se volvió más clara y su capacidad para tomar decisiones mejoró. Descubrió que cuando estaba en un estado de paz mental, podía ver todas las opciones disponibles y elegir la mejor para él.

La moraleja de la historia es: aplícate en lograr la paz interior, ya que es primordial para tomar decisiones sabias y tomar el control de tu vida.

ROBERTO GARRIDO, MENTAL COACH.

ELEGIR CON AGITACIÓN MENTAL

Decidir sin paz y tranquilidad,
no te ayuda a distinguir,
no te permite avanzar
y a muchos los lleva a desistir.

Al pensar sin quietud,
tus miedos y preocupaciones
encontrarán su plenitud.

Perder la paz por el estrés
es como en un auto dejar las luces encendidas
y por ese descuido
se consuma tu energía.

SIN PAZ
MENTAL
NI QUIETUD
EMOCIONAL

Habilidad cognitiva:
MINDFULNESS

El mindfulness, o atención plena, es una habilidad cognitiva que implica estar completamente presente en el momento actual. Se trata de prestar atención de manera intencional a nuestras experiencias, pensamientos y emociones sin juzgarlos. Esta práctica se origina en técnicas de meditación y ha demostrado tener beneficios significativos para la salud mental y emocional.

Conozcamos lo sucedido con Evan. Él se encontraba atrapado en las cadenas del pasado y las preocupaciones del futuro, pero encontró en el Mindfulness su refugio. Al adoptar la práctica, experimentó una transformación profunda. Sus decisiones ya no se aferraban a antiguos dolores o temores futuros. Descubrió la libertad de elegir desde el presente, liberándose de la carga emocional.

Inmerso en el ruido de pensamientos incesantes y la turbulencia emocional que ello conlleva, Evan descubrió que el Mindfulness le proporciona la capacidad de disipar el sonsonete mental, brindándole una comprensión más profunda de su vida. Sus decisiones ya no estaban nubladas por el tumulto de pensamientos, sino que las comenzó a realizar desde un espacio de serenidad.

El exceso de pensamientos absurdos nos ciega a la verdadera comprensión y diseño de tus metas de vida. Al igual que Evan, el Mindfulness puede ser tu aliado, ofreciéndote la serenidad necesaria para tomar decisiones desde un espacio interno de calma y claridad. ¿Cómo te imaginas al desarrollar en ti los beneficios de esta habilidad?

ROBERTO GARRIDO, MENTAL COACH.

ELEGIR CON PAZ MENTAL

Nunca olvides
que decidir desde la tranquilidad,
te hace ver la verdad.

Decidir con serenidad
te lleva por el camino correcto,
donde puedes visualizar
las opciones con mejor efecto.

Si experimentas la paz emocional,
activarás en tu mente
las funciones de ingenio y creatividad,
logrando que tus problemas
pierdan su intensidad

CAPÍTULO XIII
LA DECISIÓN: CON DETERMINACIÓN VS. SIN DETERMINACIÓN

Determinación:

Es tener las agallas para tomar una decisión y no dar marcha atrás, aunque haya tropiezos y problemas por el camino. Se trata de tener una actitud de querer llegar a un objetivo a toda costa, con perseverancia, compromiso y un enfoque constante en solucionar los problemas que surjan.

No determinación:

La falta de determinación es como estar en un bote a la deriva sin un mapa ni una brújula, sin saber adónde ir ni cómo llegar allí. Es una sensación de estar estancado y no saber cómo avanzar.

Reflexión:

Hay que saber cultivar la determinación, esto significa que hay que agarrar el toro por los cuernos y no soltarlo, aunque se ponga feo el asunto. Con determinación logramos lo que queremos, nos da la fuerza para no darnos por vencidos y seguir adelante cuando se nos atraviesan los obstáculos.

La determinación, es el fuego ardiente que arde en el corazón, el viento que impulsa las velas de nuestros sueños, la luz que ilumina el sendero de la adversidad. Es la pasión inquebrantable que se niega a rendirse, el impulso valiente que nos lleva a superar los límites y alcanzar lo imposible. Es el eco persistente de nuestra voz interior que nos susurra: ¡Adelante, tú puedes lograrlo, no te detengas!

La **determinación**, nos conecta con la **firmeza, persistencia, decisión, audacia, arrojo, valentía, energía, seguridad, compromiso y tenacidad.**

DECIDIR SIN DETERMINACIÓN

No hay peor traición
que la auto duda
y la inseguridad
fulminando tu determinación.

No te dejes vencer por la cobardía,
que rompe con tu armonía
cuando requieres de osadía.

Si no quieres una vida gris,
de tus miedos y dudas debes huir,
y con tenacidad aprender a vivir.

Habilidad cognitiva:
AUTOEFICACIA

Supera el autoboicot: descubre cómo la autoeficacia te libera de sentirte como un inútil, al romper tus cadenas mentales

La autoeficacia es una habilidad cognitiva que se refiere a la creencia en la propia capacidad para realizar acciones específicas y alcanzar metas.

Es vital para tu bienestar emocional, ya que te beneficia en los siguientes aspectos:

1. Confianza en la capacidad de afrontar desafíos:
2. Toma de decisiones saludables:
3. Gestión efectiva del estrés:
4. Persistencia en la búsqueda de bienestar:
5. Reducción del miedo al fracaso:
6. Autoconocimiento y autorregulación:

Veamos ahora la historia de Lucas. Después de vivir experiencias caóticas y transitar su adolescencia con algunos tropiezos, se encontró atrapado en sus propias dudas por un exceso de autocrítica. Fue entonces cuando descubrió el poder transformador de la autoeficacia. Enfrentando desafíos, superó la creencia de sentirse un tonto y, en cambio, cultivó una fuerte confianza interna. Los logros de Lucas hablan del cambio radical que la autoeficacia trajo a su vida.

Durante años he observado en mis consultas cómo mucha gente duda de su autoeficacia. Inventan pretextos inverosímiles para justificar su falta de confianza, esgrimen argumentos absurdos y se aferran al miedo de cruzar la frontera hacia sus sueños. Prefieren sentirse tontos a construir esa credibilidad interna que desataría una impresionante energía y motivación. El miedo al sufrimiento y a salir de la zona de confort los mantiene atascados en un mal hábito. Desafortunadamente, este patrón afecta a la mayoría, y pocos son conscientes de que, desarrollando la habilidad cognitiva de la autoeficacia, les ayudará a tomar decisiones con claridad y determinación.

¿Crees o dudas en ti mismo? Al contestar sinceramente y profundamente dicha pregunta, encontrarás más respuestas de las que te imaginas.

¿Y DE AQUÍ ADÓNDE?

DECIDIR CON DETERMINACIÓN

La determinación da inicio a la acción,
te ayuda a lograr tus sueños,
sin duda ni distracción.

Con determinación, se aumenta tu enfoque
y concentración.
Sin determinación, crece la incertidumbre
y la frustración.
Pero al final, tú eliges tu dirección.

La determinación,
es la antesala de la creación
y de tu motivación.

ROBERTO GARRIDO, MENTAL COACH.

CAPÍTULO XIV
LA DECISIÓN: CON AUTOESTIMA ESTABLE VS. BAJA AUTOESTIMA

Autoestima estable:

Es la capacidad de valorarnos y querernos a nosotros mismos de manera constante, independientemente de las circunstancias externas. Es tener una visión positiva y realista de nosotros mismos, aceptando nuestras fortalezas y debilidades, y trabajando en nuestra mejora continua. También implica tener la seguridad y confianza en nuestras decisiones, capacidades y habilidades.

Autoestima inestable:

Es cuando andas en un sube y baja de sentirte bien contigo mismo. A veces te sientes seguro y te aceptas, pero otras veces te da para abajo los rechazos, las críticas y los fracasos. Te puede agarrar una tristeza y ansiedad que no te dejan en paz. En pocas palabras, tu confianza va y viene según cómo te vaya en el día a día, y eso para nada es bueno.

Reflexión:

Déjame decirte algo sobre la autoestima, esa actitud que tienes hacia ti mismo. Si tienes una autoestima estable, vas a manejar las situaciones adecuadamente, sin dejarte afectar por lo que los demás digan. Vas a tomar decisiones desde tu propio filtro, sin dejarte influenciar por las opiniones de otros. Nada va a sacudirte, porque sabes lo que vales y confías en ti mismo. Vas a caminar por la vida con la cabeza en alto, enfrentando los retos con valentía y determinación.

Pero si tu autoestima anda por los suelos, eso te va a afectar en todas tus decisiones. Te vas a dejar llevar por lo que piensan los demás, buscando su aprobación y dejando tus propios deseos de lado. Vas a vivir en constante duda y miedo, sin confiar en tus propias capacidades.

¡Atrévete a ser dueño de tu propia historia y verás cómo todo va a fluir y cambiar para bien!

DECIDIR CON AUTOESTIMA INESTABLE

Decidir con baja autoestima
es caminar descuidado,
en un terreno minado.

Si no quieres tropezar,
de la errónea autovaloración,
te deberás de alejar.

Comportamientos autodestructivos
son el resultado
de juzgar mal tus desatinos.

Habilidad cognitiva:
MANEJO DE LA INCERTIDUMBRE

"No pelees, mejor fluye."

El manejo de la incertidumbre se considera una capacidad cognitiva porque implica procesos mentales y estrategias de razonamiento deductivo, inductivo y abductivo para afrontar y tomar decisiones en situaciones donde la información es limitada, ambigua o imprecisa. Esta habilidad cognitiva es crucial en diversas áreas de la vida, ya que la incertidumbre es una característica inevitable en muchos contextos.

Continuemos con la historia de Valery, siempre obsesionada con tener todo bajo control. Planificaba meticulosamente cada aspecto de su vida, pero cuando las cosas no iban según lo esperado, se desmoronaba. Esta obsesión la llevaba a culparse, amargarse y, en ocasiones, abandonar sus metas.

La incertidumbre es tu aliada, no tu enemiga. Después de muchos años capacitando y ayudando a personas a lidiar con síntomas de depresión, ansiedad y ataques de pánico, he diseñado una frase propia: **"Hazte amigo de la incertidumbre"**. La creé porque observé que muchas personas desean tener todo bajo control, planificado y organizado de manera obsesiva. Cuando algo se sale un poco de lo presupuestado, pierden el control, se desestabilizan y buscan culpables, incluso se culpan a sí mismos, generando una serie de consecuencias negativas. Quiero concientizarte sobre la importancia de hacerse amigo de la incertidumbre. Te ayudará a entender que las reglas del juego y de la vida son constantes cambios. Esto implica evaluar qué porcentaje de lo planeado has realizado, rediseñar estrategias y avanzar. No luches con la incertidumbre, fluye con ella, y descubrirás cuán lejos puedes llegar. Lo único seguro es la muerte; todo lo demás está en constante cambio y movimiento.

ROBERTO GARRIDO, MENTAL COACH.

ELEGIR CON AUTOESTIMA ESTABLE

Una autoestima íntegra
es como el agua que nutre tus raíces,
te permite crecer fuerte,
saludable y sin cicatrices.

Si tuviera que elegir entre autoestima alta
y el respeto de los demás,
elegiría la autoestima alta
porque el respeto propio
es el camino para ganar
y mantener el respeto de los demás.

Una autoestima sana
permite que tu confianza aflore,
y puedas decidir sin miedos
ni falsas limitaciones.

CAPÍTULO XV
LA DECISIÓN: DESDE EL GUSTO VS. DESDE EL RECHAZO

Decidir con gusto:
Implica tomar decisiones basadas en tus preferencias y afinidades personales. Al decidir desde algo que te gusta, estás alineando tus acciones con tus deseos y disfrutando del proceso de toma de decisiones. Esto puede conducir a una mayor satisfacción y realización personal.

Decidir con aversión o rechazo:
Aversión o rechazo es cuando algo o alguien no te late, no te cae bien o simplemente te da mala vibra. Puede ser porque ya te chocó en el pasado, porque no conectas o simplemente porque no te late sin razón aparente.

Reflexión:
Después de 24 años de investigaciones, he llegado a una conclusión reveladora: las emociones actúan como indicadores que nos proporcionan información sobre nuestro entorno. Me he dado cuenta de que el gusto y el rechazo nos señalan la necesidad de tomar acción. El gusto nos impulsa a acercarnos a aquello que anhelamos, mientras que el rechazo nos insta a alejarnos de lo que consideramos desagradable o perjudicial para nosotros. Estas emociones nos exigen movimiento, acción.

Sin embargo, cuando no nos movemos, cuando permanecemos inmóviles, es ahí donde surge la frustración y la contrariedad. En ese momento, los indicadores del deseo y el rechazo pierden su eficacia y se vuelven estériles. Es fundamental reconocer que nuestras emociones nos incitan a actuar, a desplazarnos.

Pon atención en lo siguiente, es fundamental indagar en el origen de nuestras emociones, tanto del rechazo como del gusto, para comprender si están fundamentadas en información sólida o en percepciones erróneas. Con un mayor conocimiento y una visión más amplia, podemos tomar decisiones más acertadas y construir una vida basada en la realidad, en lugar de ilusiones o prejuicios limitantes.

DECIDIR DESDE EL RECHAZO

La calamidad y la frustración acechan
a quienes, por tibieza,
sucumben a la torpeza
de no elegir por su pereza.

La vida sin deseo
es una locura:
sin placer,
sin futuro y sin cordura.

Al vivir indeciso y desorientado,
solo encuentras caos y temor a tu lado.

Sin anhelos, desinteresados

Habilidad cognitiva:
CREATIVIDAD

Libera tu mente: La mejor herramienta creativa está en ti. ¡Úsala!

La creatividad se refiere a la capacidad de generar ideas nuevas, únicas y valiosas, así como a la habilidad para combinar de manera innovadora conceptos, conocimientos y elementos existentes. Esta capacidad va más allá de la mera reproducción de información, implicando la producción de soluciones novedosas, obras artísticas, conceptos o productos.

Evan, Lucas y Valery, inmersos en la confusión existencial, descubrieron la magia de la creatividad. Evan, enfrentando desafíos laborales, aplicó su creatividad para reinventar su carrera con éxito. Lucas, en la encrucijada de relaciones tumultuosas, encontró soluciones innovadoras que revitalizaron su vida amorosa. Valery, lidiando con la incertidumbre, usó la creatividad para esculpir un camino lleno de posibilidades. La creatividad les ofreció respuestas inesperadas, iluminando su sendero hacia la claridad y la plenitud.

El análisis de "el qué" y "por qué" conduce a la comprensión, mientras que "el cómo" abre la puerta a soluciones y creatividad. Muchas personas se centran en preguntarse "¿por qué me pasa esto?" o "¿por qué siempre me sucede lo mismo?" Buscan la causa, pero no la solución. La verdad es que la causa por sí sola no conecta con la solución. Para activar el mecanismo mental en busca de soluciones creativas, es fundamental cambiar la pregunta hacia el "cómo". Preguntarte "cómo salir de la situación actual", "cómo aprender de lo sucedido" o "cómo lograr estar más tranquilo y ser feliz" desencadena un proceso poderoso para la toma de decisiones.

Este enfoque es especialmente valioso cuando tienes metas claras. Preguntarte "cómo llegar hasta ahí" te proporciona respuestas creativas que conducen a la acción y a la definición de una ruta. La creatividad se convierte en una herramienta clave para actuar de manera ágil y versátil frente a cualquier desafío que pueda surgir en el proceso.

Ahora que conoces esta información, te pregunto: ¿Cómo vas a utilizar lo aprendido en este capítulo y en el libro para mejorar tu vida? Esta pregunta está diseñada a propósito para conectarte con tu potencial creativo… ¡De nada!

ROBERTO GARRIDO, MENTAL COACH.

ELEGIR DESDE EL GUSTO

Si dejas fluir tu deseo
sin miedo a la decisión,
cosecharás pronto los logros,
motivos de tu ilusión.

Si eres disciplinado,
con apertura de mente
y anhelo de éxito en tu corazón,
sabrás decidir con certeza
y vencerás la cerrazón.

Érase una vez alguien de corazón salvaje,
pero mente firme y voluntad sin igual.
Que supo domar sus emociones
para en la vida triunfar.

CAPÍTULO XVI
LA DECISIÓN: CON PREOCUPACIÓN VS. TRANQUILIDAD

Tranquilidad:
　　La tranquilidad es cuando estás en calma, bien relajado y en paz contigo y con todo lo que te rodea. No estás preocupado por el futuro ni por lo que pueda venir. Simplemente estás conectado, disfrutando el momento presente sin estrés.

Preocupación:
　　Es cuando te sientes ansioso, te pones inseguro o te entrampas por algo que te quita el sueño. Es como una alarma mental que se prende cuando piensas que vienen situaciones pesadas o que te dan miedo en tu vida.

Reflexión:
　　Hace unos años, antes de dedicarme a mi actividad actual, tenía un conocido que siempre estaba preocupado por todo. Cada pequeño problema lo llevaba a un estado de ansiedad y desesperación que afectaba su capacidad para tomar decisiones y la confianza en él mismo. A medida que pasó el tiempo, su preocupación se fue convirtiendo en un círculo vicioso, lo que le hizo perder muchas oportunidades.
　　Recuerdo que una vez le ofrecieron un trabajo muy bien remunerado en el extranjero, pero decidió no aceptarlo porque se preocupaba por los riesgos que pudieran presentarse. Esto se convirtió en su forma de responder antes las decisiones en su vida, y poco a poco fue dejando pasar más y más oportunidades por su incapacidad de pensar y decidir tranquilamente y con la cabeza fría. Fue triste verlo desperdiciar su potencial por el autosabotaje que se provocaba.

ROBERTO GARRIDO, MENTAL COACH.

DECIDIR CON PREOCUPACIÓN

La preocupación al decidir
es como una espada
que se clava en la mente,
limitando tu libertad
de decidir y elegir claramente.

La nube tóxica del excesivo temor
destruye todo a su paso,
dejando desolación.

Decidir sin preocupación es complicado,
cuando culpar a los demás
en tu mente es
lo único aceptado.

Habilidad cognitiva:
AUTOACEPTACIÓN

La autoaceptación te revela tu autenticidad y te regala la autonomía. Te eleva a un nivel evolutivo único, liberándote de ataduras a validaciones externas.

La autoaceptación se clasifica como una habilidad cognitiva debido a su implicación en procesos mentales relacionados con la percepción de uno mismo, la gestión de pensamientos y emociones, así como la capacidad de adaptarse y ser creador cognitivamente de la realidad. Esta habilidad implica una toma de conciencia y un procesamiento racional que contribuyen a una visión más equilibrada y positiva de uno mismo.

Evan, enfrentando la presión constante de ser aceptado por los demás, sintió una profunda incomodidad consigo mismo. Buscó validación externa en cada paso, pero siempre se quedaba insatisfecho. Un día, cansado de vivir a merced de las expectativas ajenas, decidió explorar la autoaceptación. Al confrontar y aceptar sus imperfecciones, Evan encontró una paz interior que nunca había experimentado. La liberación de la dependencia de la validación externa le otorgó la autonomía y autenticidad que tanto anhelaba. Sus decisiones ya no estaban dictadas por el deseo de complacer a los demás, sino por su verdadera esencia.

Cuántas veces hemos escuchado el consejo de "conócete a ti mismo", pero va más allá de decir: "Soy Roberto Garrido y me gusta jugar tenis". Los grandes maestros ascendidos como Jesús y Buda, entre otros, siempre han enfatizado este mensaje de conocerse a uno mismo. Desde mi perspectiva, conocerse a uno mismo implica entender por qué tienes los resultados de vida que tienes, comprender los mecanismos que guían tu pensamiento, conocer tus procesos mentales y emocionales, y familiarizarte con todas las habilidades cognitivas que has desarrollado o que aún te faltan por desarrollar. Es como tener todas esas habilidades intrínsecas, pero a veces falta apretar el botón para darles salida y utilizarlas a placer. Identificar esas habilidades y usarlas conscientemente es la clave.

Bajo ese contexto, conocerse a sí mismo implica también aceptarse, reconocer todas las bendiciones y limitaciones con claridad. Una vez que se conoce y acepta, se puede ver con claridad qué acciones tomar para convertir cualquier limitante o debilidad en una fortaleza. Sin esa identificación y conocimiento, las personas viven en un bucle infinito, justificando sus incapacidades con excusas y pretextos absurdos.

ELEGIR CON TRANQUILIDAD

Con serenidad y determinación,
muestras al mundo sin cesar,
qué éxito y realización se puede alcanzar,
sin la necesidad de algo sacrificar.

¿Por qué preocuparte, amigo mío?
Si miras de cerca y con atención,
verás que para cada desafío
siempre hay solución, sin excepción.

La preocupación no es mala,
sí se usa con moderación.
Activará tu pensamiento crítico
para considerar nuevas perspectivas
y actuar con prevención.

ROBERTO GARRIDO, MENTAL COACH.

CAPÍTULO XVII
LA DECISIÓN: CON RUMBO CLARO VS. CON RUMBO INCIERTO

Rumbo claro:

Es saber para dónde vas en la vida, tener bien definidas tus metas y objetivos, y tomar decisiones que te lleven a cumplirlos.

Rumbo incierto:

Es estar extraviado y desorientado, implica la falta de un plan establecido o la presencia de múltiples opciones que generan indecisión y confusión para saber qué camino seguir.

Reflexión:

Presta atención a la siguiente anécdota y reflexiona el mensaje que te quiero trasmitir.

Recuerdo a una joven que llegó a mi consulta muy angustiada, ella se encontraba en una encrucijada en su vida, no sabía qué camino tomar. Al conversar con ella, me di cuenta de que gran parte de su angustia se debía a que nunca había aprendido a establecer un plan de vida y a tomar decisiones por sí misma. Había pasado la mayor parte de su vida siguiendo las expectativas de sus padres y de la sociedad, sin detenerse a pensar en lo que realmente quería para su vida. Se sentía perdida y sin rumbo claro, lo que le generaba una gran ansiedad y estrés. Fue a partir de ahí que comenzamos a trabajar en definir sus objetivos y metas, estableciendo un plan de acción y tomando decisiones concretas para lograrlos. A medida que avanzamos en este proceso, vi cómo su estado de ánimo mejoraba y la fe y confianza en sí misma aumentaba, al ver que tenía el control de su vida y que estaba construyendo su propio camino.

ROBERTO GARRIDO, MENTAL COACH.

DECIDIR CON RUMBO INCIERTO

Al caos le has dado su turno,
por andar en la vida sin rumbo.

Decidir sin ruta nítida,
es tan absurdo como
zarpar a la mar sin mapa ni brújula.

Limpia tu mente
del cochambre emocional
o en las tinieblas permanecerás.

Sin rumbo claro. Extraviados

Habilidad cognitiva:
PENSAMIENTO LÓGICO

¡Dale orden al caos!

El pensamiento lógico da paso al razonamiento y la comprensión.

La habilidad cognitiva del pensamiento lógico suena simple, pero en realidad es sumamente compleja debido a la cantidad de procesos cognitivos inherentes que involucra. Esta habilidad implica la capacidad de organizar, analizar y evaluar información, requiriendo razonamiento deductivo, coherencia, consistencia, identificación de errores y habilidad de síntesis. Además, conlleva el uso de conexiones neuronales en diferentes zonas del cerebro para acceder a información almacenada en diversas "gavetas" de recuerdos.

¿Por qué es importante la coherencia cognitiva? Porque la mente y el cerebro trabajan en conjunto para generar coherencia entre nuestras creencias y la realidad que percibimos. Es por eso que nuestras percepciones determinan nuestras creencias. Una de las principales tareas de la mente y el cerebro es asegurar nuestra funcionalidad en el momento presente.

Todas nuestras percepciones y decisiones están intrínsecamente ligadas por la lógica que poseemos. Este proceso lógico guía las opciones neuro asociadas para diferentes contextos de nuestra vida, dependiendo de los mapas perceptuales que hemos desarrollado. Cuando consideramos el mundo exterior, lo evaluamos como lógico o ilógico, ya que se ve contrastando con la información que tenemos almacenada.

Sin embargo, algunos individuos no se percatan de dicho contraste que realiza la mente y el cerebro y actúan basándose únicamente en emociones, criticando lo que para ellos no es lógico. Esta falta de aceptación y respeto por los mapas perceptuales de los demás puede generar problemas internos y una gran frustración.

Como análisis final, comparto la siguiente afirmación: "Lo único lógico es que no hay lógica y hay que diseñarla". Con esta perspectiva, busco ofrecerte una visión interesante y reflexiva. Te invito a reconocer que, en determinados contextos o situaciones, la lógica puede no ser evidente de forma innata, y se requiere un esfuerzo consciente para construir un marco lógico.

A través de esta reflexión, quiero resaltar la importancia de no conformarte con la superficialidad que la lógica pueda proporcionar de manera inmediata. Más bien, te animo a explorar a profundidad, buscando información, estructuras y diseños más valiosos. Al adoptar esta perspectiva, podrás potenciar tu capacidad de análisis y construir un pensamiento lógico más significativo y adaptado a diversos escenarios. Este enfoque enriquecerá la claridad en tu toma de decisiones.

¿Y DE AQUÍ ADÓNDE?

ELEGIR CON RUMBO CLARO

> Todo lo que ves a tu alrededor
> fue hecho por gente con visión.
> Tuvieron claro su propósito
> y lo llevaron a la acción.

> El mayor riesgo
> que se corre por tener claridad,
> ¡es que sabrás hacia dónde
> tus esfuerzos te llevarán!

> El único obstáculo
> para alcanzar tu éxito en el futuro
> son las dudas
> que dejas de resolver hoy.

**Rumbo claro.
Dirección
definida**

ROBERTO GARRIDO, MENTAL COACH.

CAPÍTULO XVIII
LA DECISIÓN: COMO INVERSIÓN VS. COMO GASTO

Sentir que es una inversión:
Significa percibirlo como algo valioso y beneficioso a corto, mediano y largo plazo. Implica reconocer que dedicar tiempo, esfuerzo o recursos a esa cosa o actividad generará resultados positivos y provechosos en el futuro.

Sentir que es gasto:
Significa que se considera como una salida de lana, pérdida de tiempo o actividad inútil, que les generará un retorno o beneficio en el futuro. Es decir, se percibe como un desperdicio, sin una expectativa clara de obtener algo a cambio.

Reflexión:
Responde el siguiente planteamiento.

¿Cómo afectaría a tu vida y a tus seres queridos si te quedas estancado(a) en un trabajo que no te satisface por no haber **invertido tiempo, dinero y esfuerzo** en tu educación y desarrollo profesional?

Solamente imagina lo siguiente, ¿Cómo te sentirías si tus hijos te preguntan por qué no invertiste en prepararte mejor y **enfocarte en desarrollar tus talentos de manera más efectiva** para poder brindarles un futuro mejor?

Muchas personas no se reconocen como valiosas, lo que les impide invertir recursos monetarios, su tiempo y dedicación en su propio crecimiento. Esto los lleva a ser tacaños y avaros consigo mismos, negándose oportunidades de mejora y desarrollo personal. Es importante cambiar esa mentalidad y entender que invertir en uno mismo es una inversión invaluable que puede generar grandes beneficios y transformaciones positivas en la vida.

LA DECISIÓN COMO GASTO

La inversión en tu formación
es la clave del progreso,
sin ella tus metas
avanzan a paso lento.

Si invertir en ti lo consideras un gasto,
es como si sembrarás en un suelo estéril.
Luego entonces,
¡No esperes cosechar algo!

Al tener la sensación
de que no mereces inversión,
es tu autoestima
la que está hablando...

Habilidad cognitiva:
RESOLUCIÓN DE PROBLEMAS

La resolución de problemas se considera una habilidad cognitiva porque involucra procesos mentales complejos y específicos que requieren el uso de la mente y el cerebro para abordar situaciones desafiantes o desconocidas.

Retomemos la historia de Evan, Lucas y Valery, cada uno con sus propios desafíos, aprendieron que resolver problemas va más allá de solo lógica. Evan, siempre estructurado, solucionaba problemas prácticos, pero estaba atrapado en la rutina. Lucas, con su experiencia, superó obstáculos personales, pero necesitaba soluciones más prácticas. Valery, muy creativa, aportó ideas imaginativas a situaciones difíciles.

La combinación de estructura lógica, experiencia e imaginación resultó mágica. Evan salió de su zona segura, Lucas encontró soluciones prácticas con lecciones de vida y Valery canalizó su creatividad en acciones reales. Descubrieron que resolver problemas necesita un enfoque completo, fusionando diferentes habilidades mentales.

La evolución y nuestras aspiraciones nos orientan hacia un camino lleno de incertidumbre y cambio constante. En este sentido, es inevitable desarrollar la habilidad de solucionar problemas. Una herramienta valiosa para adquirir agudeza en esta destreza es la propuesta que presento en mi libro **"Cerebro en Forma: Conoce cómo Desarrollar tus Habilidades Mentales con Juegos Poderosos"** que lo puedes conseguir en Amazon o directamente solicitándolo en mi celular: **+52 2281363100**. Ahí te muestro a través de juegos lúdicos, como crucigramas, sopas de letras, palabras escondidas, laberintos y cómics, cómo estos contribuyen a la resolución de problemas y fortalecen diversas habilidades cognitivas. Estas capacidades son esenciales para fluir de manera efectiva en la vida y en la toma de decisiones.

LA DECISIÓN COMO INVERSIÓN

En una computadora un mejor sistema operativo
solo se consigue realizando
una acertada e inteligente inversión.
Luego entonces,
¿Qué esperas para invertir en tu actualización?

Si no quieres una mente tiesa,
invierte regularmente
en tus destrezas.

Cada peso y esfuerzo
invertido es saludable,
cuando tu valor
se vuelve incalculable.

CAPÍTULO XIX
LA DECISIÓN: SABIENDO COMO DECIDIR VS. SIN SABERLO

Saber tomar decisiones:

Implica tener la capacidad de evaluar diferentes opciones, considerar sus consecuencias y tomar una elección informada y consciente. Es tener la claridad, confianza y habilidades para analizar, decidir y actuar en base a lo que se considera mejor en una situación dada.

Sin habilidad para decidir:

Implica estar constantemente indeciso, perdido y sin dirección clara. Que lleva a posponer acciones importantes, evitar enfrentar situaciones difíciles y dejar que otros decidan por ti. Implica vivir en la incertidumbre y la inseguridad, sin poder avanzar hacia tus metas y sueños. Además, puede generar frustración, arrepentimiento y oportunidades perdidas.

Reflexión:

Te comparto 7 afirmaciones poderosas que te ayudarán a conectarte con tu esencia más profunda y a mantenerte libre de ceder el control de tu vida a los demás:

1. Soy el autor de mi propia historia y tengo el poder de tomar decisiones que me guíen hacia mi felicidad y realización personal.
2. Confío en mi intuición y en mi sabiduría interior para tomar decisiones conscientes y alineadas con mi verdadero ser.
3. Reconozco que cada elección que hago es un acto sagrado que me conecta con mi propósito y me permite crecer y evolucionar.
4. Asumo la responsabilidad y autoridad de mis decisiones y comprendo que soy un producto resultante de lo que elijo.

5. No permito que el miedo o la indecisión me paralicen, sino que me fortalezco al enfrentar los desafíos y tomar decisiones valientes.
6. Me libero de la necesidad de complacer a los demás y me permito priorizar mis propios deseos y necesidades al tomar decisiones.
7. Mantengo el poder de elegir cómo reaccionar ante las circunstancias y no permito que los demás controlen mi estado de ánimo o mi felicidad.

¿Y DE AQUÍ ADÓNDE?

FALTA DE HABILIDAD PARA DECIDIR

No saber tomar decisiones
es tan descabellado
como pretender meter un gol,
¡rematando con la mano!

No hay cerebros malos;
hay cerebros desnutridos,
pero desnutridos de opciones
que limitan la toma de decisiones.

El mayor enemigo de tus triunfos
eres tú mismo: tus dudas, tus miedos,
y la procrastinación juntos.

Habilidad cognitiva:
FLEXIBILIDAD COGNITIVA

En el intenso tráfico de decisiones diarias, la flexibilidad cognitiva es el carril rápido que te permite cambiar de rumbo y evitar los embotellamientos mentales.

La flexibilidad cognitiva es una habilidad mental que permite adaptarse a nuevas situaciones, cambiar de enfoque y ajustar el pensamiento frente a la diversidad de estímulos o demandas del entorno. Implica la capacidad de modificar patrones de pensamiento, considerar diferentes perspectivas y alternar entre diferentes ideas o tareas de manera eficiente.

Imaginemos a Evan nuevamente. Él solía enfrentar dificultades al cambiar su enfoque laboral cuando las circunstancias requerían flexibilidad. Al desarrollar la flexibilidad cognitiva, Evan no solo mejoró su capacidad para cambiar rápidamente, sino que también comenzó a aplicar esta habilidad en su vida diaria. Se volvió más adaptable y creativo ante los cambios y hábil para encontrar soluciones prácticas a los desafíos cotidianos, convirtiéndose en una persona más versátil y eficiente.

La historia de Evan nos invita a analizar e imaginar cómo desarrollar la flexibilidad cognitiva podría llevarnos más allá de simplemente cambiar nuestro enfoque. Nos desafía a ser más prácticos en nuestra toma de decisiones cotidiana y a descubrir nuevas formas de abordar los desafíos.

¿Conocías esta habilidad cognitiva?

ELEGIR CONSCIENTEMENTE

Tu éxito personal no es una cuestión de suerte,
sino una combinación de preparación,
decisión y acción
para enfocar con certeza tu mente.

Para evitar naufragar en el mar
de dudas inútiles e irracionales,
decidir con consciencia es esencial.
Así preservarás tu salud mental y emocional.

Al despejar tus telarañas mentales,
y tomar decisiones precisas,
aceitarás tus mecanismos emocionales,
para tomar acciones sin prisas.

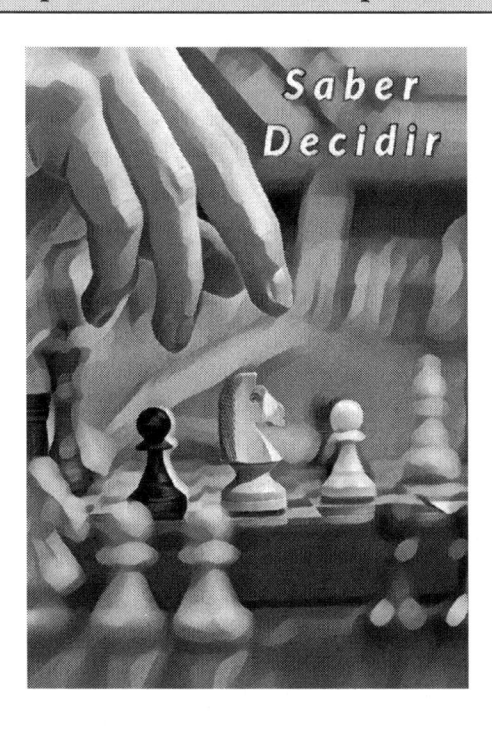

ROBERTO GARRIDO, MENTAL COACH.

CAPÍTULO XX
LA DECISIÓN: CON ACCIÓN VS. SIN ACCIÓN

Decidir con acción:
Implica tomar una elección y respaldarla con pasos concretos y movimientos hacia adelante. Es el acto de comprometerse con una decisión y poner en marcha los planes, esfuerzos y recursos necesarios para llevarla a cabo.

Decidir sin acción:
Significa simplemente tomar una decisión, pero no hacer nada para llevarla a cabo. Es como estar echado en el sillón con un montón de planes en la cabeza, pero no mover un dedo para hacerlos realidad. Es como querer conquistar a la persona que te gusta, pero no tener el valor de hablarle o invitarle a salir. Es tener una mega idea, pero siempre encontrar una excusa para no empezar. En resumen, es quedarte en el aire después de decidir, y nunca pasar a la acción para hacer tus sueños realidad.

Reflexión:
No te quedas pasmado esperando a que las cosas te caigan del cielo, sino que usas tus recursos y hazte responsable de tus resultados. Si algo no sale como lo planeaste, tu tranquilo, redirecciona el camino y dale para adelante con fuerza y determinación a tus objetivos. Toma acción y deja de hacerte wey, pensar demasiado o aplazar lo que puedes hacer hoy.

Quiero cerrar con esta frase: "No hay éxitos ni fracasos, simplemente hay resultados". Nos recuerda que nuestra vida actual es el resultado de las decisiones y acciones que hemos tomado en el pasado. Estos resultados no se pueden categorizar como buenos o malos, simplemente son el reflejo de nuestras elecciones. Del mismo modo, nuestro futuro será el resultado de las decisiones y acciones que tomemos hoy. Sin embargo, es sorprendente que el 97% de las personas no saben con certeza lo que desean en su vida. Es fundamental tener claridad en nuestras metas para poder tomar las decisiones y acciones más adecuadas y permitir que nuestra mente, el universo y el poder divino nos ayuden a alcanzarlas.

ROBERTO GARRIDO, MENTAL COACH.

LA DECISIÓN SIN ACCIÓN

La inacción
es un tributo amargo
a la frustración.

Una mente estancada y bloqueada
es una mente capada.

La cobardía y pasividad
para decidir tu futuro,
a tu cárcel mental y emocional
levantarán sus muros.

Habilidad cognitiva:
AUTODISCIPLINA

De soñador a ejecutor

La autodisciplina es una habilidad cognitiva que implica la capacidad de controlar tus impulsos, mantener el enfoque y seguir adelante con tus metas a pesar de las distracciones o dificultades. Se trata de la capacidad de comprometerte con tus objetivos, mantener una rutina, resistir la tentación y trabajar de manera consistente hacia tus metas a largo plazo.

La autodisciplina no solo moldea tu camino hacia el éxito, sino que también evita que te quedes atrapado en el mundo de los sueños sin concretar.

Salomón, el sabio vecino de Valery, Lucas y Evan, se destacaba como erudito con una gran dosis de autodisciplina y habilidades cognitivas. Para él, la toma de decisiones era como un juego divertido que requería cierto enfoque y atención, ya fuera por su grado de complejidad, como en ajedrez, dominó o incluso canicas. Desarrolló metáforas ingeniosas para explicar situaciones complejas que lo guiaban internamente y comprendió que la autodisciplina no necesitaba aprobación externa para practicarla y desarrollarla.

A pesar de enfrentar desafíos en su juventud, Salomón nunca escatimó tiempo ni esfuerzo para conocer, comprender y convertirse en un experto en la toma de decisiones, demostrando una determinación férrea.

En cierto momento de su vida, se rindió ante un objetivo sentimental que le causó sufrimiento, pero esa experiencia no lo detuvo, al contrario, lo catapultó. Aprendió de sus errores y debilidades, transformándolos en fortalezas. Ahora, como amigo de la incertidumbre, elige con certeza y claridad, navegando la vida desde la paz, la conciencia y la confianza.

Tú que estás leyendo este libro demuestra que al igual que Salomón, estás invirtiendo tu tiempo y esfuerzo en absorber cada palabra que he escrito con la intención de ofrecerte información valiosa, clara y fácil de comprender. Ahora haz el siguiente ejercicio, imagina metafóricamente que estás sosteniendo en tus manos una varita mágica capaz de materializar tus metas, anhelos, ideas, sueños y objetivos. Estos logros no solo transformarán tu vida, sino que también tendrán un impacto positivo en quienes te rodean. ¡Adelante, y convierte tus decisiones en auténtica magia real!

LA DECISIÓN CON ACCIÓN.

Es mejor usarse
que enmohecerse.

¿Qué tal si sales de la zona de confort
y tomas decisiones de verdad?
¿Te animas o te echas para atrás?

La acción te da satisfacción,
la satisfacción te da plenitud,
la plenitud te da realización
y la realización te lleva al éxito.
Así que, ¡just do it!

Emprende la acción

ROBERTO GARRIDO, MENTAL COACH.

CONCLUSIÓN

Quiero felicitarte por haber adquirido, leído y participado en este libro. Lo escribí con el objetivo de transmitir un mensaje claro y fácil de entender, para que puedas visualizar con claridad el camino que te espera. Tengo la certeza que este libro te guiará hacia una vida más placentera y fluida.

A lo largo de estas páginas, te has dado cuenta de lo importante que es tomar decisiones sabias y pensar bien para elegir efectivamente. Recuerda, esa elección va a definir tu futuro y tu éxito. Pero debes ser consciente qué, ahora tienes en tus manos todas las herramientas necesarias para tomar esa decisión con cabeza fría y sin volverte loco.

No te dejes influenciar por lo que digan los demás, por la moda o por la presión social, querido lector. Tú eres el dueño de tu destino y tienes el poder de escoger lo que realmente te apasiona y te impulsa. Evita darle poder a cualquier inepto.

Fíjate en tus habilidades, intereses y valores. Investiga, piensa y busca consejo. No tengas miedo, más bien ten la confianza (aunque sea por curiosidad) de explorar opciones diferentes e innovadoras, y seguir caminos no tan convencionales, pero que sean ecológicos para tu vida.

No importa qué elijas, lo importante es que sea auténtico y que vaya de acuerdo con tus sueños y metas. El camino no va a ser fácil, eso seguro, pero cada obstáculo te hará más fuerte y te enseñará algo nuevo.

Llegamos al final de este viaje de autodescubrimiento y toma de decisiones. Ahora tienes una poderosa herramienta en tus manos: los circuitos mentales que hemos instalado en tu subconsciente. ¡Sí, leíste bien, ahora tienes un super poder para tomar decisiones, este poder se llama conocimiento, por cierto, que pocos adquieren!

Desde hoy, eres el arquitecto de tu futuro. Estoy seguro de que, con esta guía y tu determinación, vas a triunfar y lograr todo lo que te propongas.

Aquí está la clave: sigue leyendo este libro regularmente, porque con el paso del tiempo tu mente se expande y filtra la información con diferentes filtros perceptuales. ¿Qué significa eso? Que tendrás acceso a información relevante en cada contexto en el que te encuentres. Increíble, ¿no?

Entonces, **mi recomendación para ti es que sigas alimentando tu cerebro con nuevas perspectivas, conocimientos y experiencias. Mantén tu mente abierta y dispuesta a aprender, porque eso te dará una ventaja única en el juego de la vida.**

Recuerda que cada decisión que tomes, por pequeña que parezca, tiene el poder de influir en tu destino. Tú eres el capitán de tu barco. Así que, ¡pon en práctica todo lo que has aprendido aquí.

Mantén este libro cerca, léelo una y otra vez, porque cada vez que repases los 20 criterios y las habilidades cognitivas aquí expuestas, estarás fortaleciendo esos circuitos mentales y afinando tus destrezas adquiridas para decidir desde la consciencia.

Recuerda que la vida está llena de sorpresas y desafíos, pero ahora tienes el saber necesario para enfrentarlos con valentía y arrojo. Date un voto de confianza y desarrolla tu capacidad para tomar decisiones efectivas y asertivas de ahora en adelante.

¡Que la sabiduría te acompañe siempre, y que tus decisiones te lleven a la grandeza que mereces! ¡Éxito en cada paso del camino!"

El mundo está esperando tus talentos y tus aportes, mi estimado(a) ¡Que tu camino sea un éxito total!

Con convicción
toma acción
y elige desde la razón

ROBERTO GARRIDO, MENTAL COACH.

ACERCA DEL AUTOR

Actualmente, Roberto Garrido es director de **"Mind On: Libera tu Mente"**, una empresa dedicada a facilitar **coaching, terapias, consultoría, capacitación y estrategias de mejora** para empresas, emprendedores y personas en general que deseen impulsar su desarrollo. Desde 2010 hasta la fecha, se ha mantenido comprometido en ayudar a los clientes a superar obstáculos y **alcanzar su máximo potencial.**

Cuenta con certificación como **Practitioner y Máster Internacional en Programación Neurolingüística**, otorgada **personalmente por John Grinder,** co-creador de la PNL, a través de su empresa Quantum Leap Inc.

Como parte de su formación, cursó un **diplomado en Habilidades Gerenciales en el Tecnológico de Monterrey,** Campus Central Veracruz.

Obtuvo la certificación **"Quality Engineer Certification Process"** otorgada por el Hotel **The Ritz Carlton Cancún**.

Ha desarrollado una metodología denominada **"Manual Operativo de la Mente"**, la cual ayuda a las personas a **modificar sus procesos mentales y emocionales** para **superar la depresión y la ansiedad** de manera acelerada, **en tan solo 5 sesiones.**

Actualmente, es el **titular del programa por streaming "Desarrollo Humano, Saca Lo Mejor De Tí"** en la **Universidad de Xalapa y Acrópolis Multimedios**. También produce y dirige un **podcast llamado "Y... ¿De aquí a dónde?"** en Radio UX.

Además, es productor de contenido para los videos en sus **canales de YouTube** llamados **"La Netas con el Brandon"** y "Mind On: Libera tu Mente".

Principales empresas con las que ha colaborado:
- Cervecería-Cuauhtémoc Moctezuma.
- Sabritas.
- Instituto Mexicano del Petróleo.
- Kimberly-Clark.
- ADO.
- Poder Judicial de la Federación.
- Talleres y Aceros.
- SEDECOP.
- SEDARPA.
- Universidad de Xalapa.
- Fundación Salvemos el Agua.
- Entre otras.

¿Y DE AQUÍ ADÓNDE?

SI DESEAS CONTACTAR AL AUTOR Y RECIBIR ASESORÍAS Y APOYO PERSONAL Y/O EMPRESARIAL

Llámanos

o

Envíanos un WhatsApp

o

Comunícate por email

Roberto Garrido
Máster Internacional en PNL
+52 2281363100
mindonnow@gmail.com

Atención personalizada
Presencial, vía zoom o videollamada

Escanea los códigos QR

Descubre más en mis canales de YouTube.
https://www.youtube.com/@liberatumenteoficial
https://www.youtube.com/@lasnetasconelbrandon

Made in the USA
Columbia, SC
16 January 2024